# 现代体育教学与实践

李 雪 著

吉林出版集团股份有限公司

图书在版编目（CIP）数据

现代体育教学与实践 / 李雪著. -- 长春 : 吉林出版集团股份有限公司, 2022.9
ISBN 978-7-5731-2241-4

Ⅰ. ①现… Ⅱ. ①李… Ⅲ. ①体育教学—教学研究
Ⅳ. ①G807.01

中国版本图书馆CIP数据核字(2022)第173225号

# 现代体育教学与实践

XIANDAI TIYU JIAOXUE YU SHIJIAN

著　　者　李　雪
出 版 人　吴　强
责任编辑　孙　璐
开　　本　710 mm × 1000 mm　1/16
印　　张　11.25
字　　数　221千字
版　　次　2022年9月第1版
印　　次　2022年9月第1次印刷

出　　版　吉林出版集团股份有限公司
发　　行　吉林音像出版社有限责任公司
　　　　　（吉林省长春市南关区福祉大路5788号）
电　　话　0431-81629667
印　　刷　三河市嵩川印刷有限公司

ISBN 978-7-5731-2241-4　　定　　价　58.00元

# 作者简介

　　李雪，女，1985年8月出生，山东省淄博市人，毕业于河南大学，硕士研究生学历，现任淄博职业学院讲师，国际级泰拳裁判员、教练员，国家跆拳道、散打一级裁判。研究方向：体育教学专业。主持并完成广西壮族自治区桂林航天工业学院校级课题1项，参与桂林航天工业学院校级课题2项并结题，参与广西壮族自治区中青年省课课题1项，发表论文4篇。

# 目　　录

# 第一章　体育教学方法概述

体育教学方法的实践研究和理论研究要不断地顺应现代体育教学改革深化的发展，特别要从体育教学方法理论角度进行深入、系统的认识和研究，以辩证认识体育教学方法的本质和运用规律等，同时，努力开辟体育教学方法创新渠道，创造出各种适应于体育教学需要的新方法。

体育教学方法学不仅是注重于实践性运用的一门学科，更是重视理论性研究及其建设与发展的一门新学科。只有通过理论与实践并重的建设，以理论引领实践、由实践上升至新理论，才能促进本学科的不断发展。

## 第一节　体育教学方法的基本概念

概念非常重要，是认识一切事物的根本，是思维的基本单元。体育教学方法研究只有把握好基本的概念，才能规范思维，使其不易出现偏差。概念是反映客观事物本质属性的思维形式，是在对研究客体做出一系列判断的基础上而获得的关于客体的抽象概念的认识。但是，判断并不能得出概念，只有将判断发展到能揭示研究客体的一般的和本质的属性时，才能形成概念。

### 一、体育教学方法

#### （一）方法的重要性

方法是解决问题的工具。针对不同的问题需要应用不同的工具。方法的好坏是能否顺利解决问题的关键，且起到"事半功倍"或"事倍功半"的作用。掌握正确、先进、科学的方法极其重要，只有运用正确的方法才能得到正确的结果，运用先进而科学的方法才能加速其研究过程，得出精确的结果。反之，则会导致错误的结果，浪费时间与精力，甚至会耗掉一辈子的精力而一无所成。俄国生理学家巴甫洛夫说："科学是随着研究方法所获得的成就前进的。"说明选择科学方法是科学研究及其发展的直接决定性因素。

### (二)体育教学法

体育教学法是指体育教师与学生为达到体育教学目标所开展的各种体育教学活动的一切办法的总和。包括体育教师的教授法、学生的学习法及其与体育教材的关系等，是体育教师教与学生学的相互协同以完成体育教学任务，达成体育教学目标的各种方式方法。这是体育教法和学法的统一辩证性，也可以说是体育教学的教法与学法的互动、协调与和谐相融的关系。总之，体育教学法是在体育教学思想指导下，为实现体育教学目标的体育教学方式方法及组织形式等的总和；是在特定的体育教学指导下，为实现体育教学目标所展开的一系列体育教学活动方式方法的体系。因此，体育教师要想很好地完成体育教学目标，必须对体育教学法进行深入研究。

### (三)体育教学方法

体育教学方法是指为达到体育教学目标所采用的方式、手段或途径。也就是体育教师和学生为了完成一定的体育教学任务，所采用的教与学的方式和手段的总称。它既包括体育教师教授的各种方法，也包括学生学习的各种方法。具体是指在体育教师的组织与控制下，运用体育知识、技术和技能等，促使学生学习掌握和锻炼的过程，达到促成学生体格健壮、心理健康的体育教学目的的方法。就其目的而言，体育教学方法是通过其体育教学任务的完成，使学生掌握体育知识、技术和技能，促进其身心健康发展、智力发展，并形成一定的世界观、道德观和价值观的个性，从而达到培养合格人才的目的的方法。就其手段而言，体育教学是运用知识、技术和技能，使学生学习与掌握，并在向学生传授知识的同时，促进学生身心的全面发展。就体育教学方法的运用而言，它作用的对象是学生，它是促进学生全面发展的方法。体育教学方法的使用者，包括体育教师和学生，因而体育教学活动是师生双边活动、互相配合、和谐运动，体育教师和学生都是体育教学活动的主体，即体育教师是指导作用的主体，而学生是体育参与活动的主体，但都是体育教学方法的使用者和控制者及其得益者，都有能动作用。只是体育教师在运用体育教学方法的活动中起主导作用，而学生掌握学习方法是通过配合体育教师教的活动，以学习的方式来体现，起主体作用。

体育教学过程是一个动态的渐进的发展过程，体育教学中的各个要素也在不断地发生变化与发展着，因而更应把体育教学方法看作是动态的、可变的、发展的，而不是一成不变的、僵化的方法。

## 二、构成体育教学方法系统的主要因素

体育教学内容重在体育运动技术性教学，并在整个体育教学内容中占有很大的成分，所以体育技术性教学方法居多。由于体育运动项目很多，技术性动作繁多，且有难有易、有简有繁，使之体育教学方法非常丰富、各种各样，自成系统。这些体育教学方法系统构成的要素是什么？为什么会形成千差万别的教学方法？

### （一）语言讲解法

体育教师运用语言讲解法，通过语言讲解体育教学内容、技术动作做法或技术要领及技术难点、关键等，包括体育教学过程中的语言提示等，这是构成体育教学方法系统的基本要素之一。体育教师运用语言讲解法应做到准确、简练、易懂，并富有激情和感染力，而且要控制好节奏，做到抑扬顿挫、充满魅力，特别是对技术动作做法的讲解，应根据学生学习的不同阶段进行有针对性的、精炼的讲解，并根据动作技能形成的不同阶段特点及学习要求，各有侧重地进行讲解及进行专门性的提示，才能使讲解及提示具有实用性、针对性，才能使学生明确学习任务、清晰体育技术动作概念、清楚体育技术动作的做法，起到有效促进学生学习的方法论作用。

体育教师教学语言的运用能力是十分重要的方面，其能力强弱则显示出运用是否准确、恰当、精炼或切合学生的学习实际情况等，是直接影响体育教学效果及其质量提高的重要方面。为此，体育教师应努力提高体育教学语言讲解法运用的能力。

### （二）动作示范法

体育教师的动作示范是言传身教的重要部分，身教是体育教师教学的特色，也可以说是体育教学的重要特征之一。体育教师以准确、漂亮、优美的动作示范，能很好地帮助学生建立正确、清晰的技术动作的概念，能吸引学生学习的兴趣，

使其容易产生跃跃欲试的心理，为学生后面的学习打下良好的基础。

体育教师的动作示范应根据体育教学对象的实际水平和动作技能形成不同阶段的教学要求，教师应各有侧重地进行动作示范，使其符合体育课堂教学目标，更好地为体育教学目标服务。简言之，体育教师的动作示范应根据动作技能形成不同阶段的教学要求、教学对象的实际能力和课堂教学目标。如在动作技能形成的泛化阶段可降低动作示范标准，以低难度的学习动作展现在学生眼前，利于学生心理接受，便于学生学习与掌握；进入动作技能形成的分化阶段，就应该进行标准化动作示范，使学生认识到自己学会的动作离体育教师的标准化动作示范有一定的距离，需要进一步改进与提高动作；进入动作技能形成的巩固阶段，体育教师可以进行高标准动作示范，从而不断引领学生向高标准、高质量方向努力。对于学习快而好的学生，体育教师的超标准动作示范更能不断激发这部分学生的学习热情和向学习高目标努力，从而有效促进这些好学生的体育运动技术水平的提高。

同时，体育教师应该认识到在体育技术动作教学过程中所采用的各种体育教学方法，每一个体育教学方法实际上就是一个个较为简单易学的技术性系列动作，具有一定的技术要领、规格和教学要求等，只不过是简化或分解的体育技术动作而已，同样要重视并需要进行示范，且进行标准化的示范及其讲解等，其示范的标准与否，直接影响到学生的模仿学习效果的好坏。

### （三）多媒体、教具法等

随着体育教学现代化进程的发展，现代化教学方法及手段的日益丰富，多媒体教学方法已融入日常的体育教学之中。体育教师在体育教学中，可利用多媒体及幻灯片、图片、活动模型教具等进行体育教学，以丰富体育教学生活。体育教师可通过制作课件，利用多媒体等进行电化教学，通过静态与动态相结合、慢速与快速相结合、放大与缩小相结合等方法，展现生动活泼、丰富多彩的各种体育画面，吸引学生的眼球，调动学生的学习情绪。体育教师进行多媒体教学，需要有一定的环境与条件才能实施。在一般情况下，体育教学的活动场所灵活，有时可采用简单又便于携带的体育教具如图片、活动模型教具等进行教学。

## 第二节　体育教学方法的沿革

我国学校体育教学方法自中华人民共和国成立初期由苏联大量的体育教材及其教学方法的传入，并在当时我国学校体育之中占据了主导地位，特别是凯洛夫的教育思想和理念及其教育理论体系等渗透其中。如苏联教育家凯洛夫《教育学》中提出了五条指导教学工作的原则，即直观性原则、自觉性与积极性原则、巩固性原则、系统性与连贯性原则、通俗性与可接受性原则，主要是为了使学生通过教师的讲授和学习教材，牢固地掌握系统知识、技能与技巧，以便为进一步学习打下坚实的基础。凯洛夫的五大教育原则同样在体育教材中出现。那时期体育教学方法主要为讲解法、示范法、分解教学法、完整教学法、纠正错误法。这些简单的教学方法对学生体育知识学习、体育技术和体育技能学习起到了一定的促进作用。

自 20 世纪 70 年代，学校体育为增强学生体质，提高体育课的练习密度和增加运动负荷，出现了循环练习法。循环练习法确实提高了体育课的练习密度和增加运动负荷，为增强学生的体质起到了功不可没的作用。其间，报纸杂志大量地刊载关于循环练习法方面的介绍、经验等论文，使循环练习法得到了进一步的普及性发展。但是，广大体育教师对于循环练习法理论缺乏深入的研究，也可以说，缺乏理性的认识，缺乏以逻辑辩证的思想去认识循环练习法的本质，不能一分为二地分辨其体育教学方法的功能等，因而，至今没有一整套循环练习法的理论，而只能流行一时而已。从辩证法角度分析，任何一种体育教学方法都具有各自的体育教学特点、功能和价值，同时也存在其局限性，只有当适宜于这一体育教学方法的体育教学内容和体育教学环境时才有其体育教学效果。

改革开放以来，国外许多先进的思想、科学技术和方法等大量地渗透或传入我国，对促进我国的现代化社会建设起到一定的积极作用。随着国外各种教育思想和教学方法的渗透，国内体育工作者不仅能及时吸收各种先进的体育教学思想和体育教学方法，而且还能引进外学科如教育学、心理学等学科的先进教学方法，并结合体育教学实际进行改革创新。

体育教师在教育改革发展的大浪潮中，不断提升自己的体育教学素质和体育教学能力，充分发挥体育教师教学改革的热情和积极性，全身心投入，努力提高体育教学质量。对于我国体育教学方法的改革创新情况，从借鉴与引入外学科的各种教学方法为主，逐步走向由引入→改革→创新发展，使引入外学科的各种教学方法逐步适合于体育教学领域而发挥其教学方法的功能，成为体育教学方法宝库中的一部分。然而，目前体育教学领域对体育教学方法重在引进，或稍作改造加以运用，而有原始性创新的体育教学方法并不多见，这需要广大体育教师努力创新，才能创造出切合体育教学实际需要、高效和科学的体育教学方法。

# 第三节　体育教学方法论问题

体育教学方法论是关于体育教学方法理论研究的问题，并涉及与体育教学目标、教学任务、教学内容、教学对象等互为关系的理论研究。不同的体育教学目标、教学任务、教学对象等，选择的体育教学方法各不相同。同样的体育教学内容、教学任务由于针对不同的体育教学对象，采用相同的体育教学方法，所产生的体育教学效果也会有所不同。

## 一、体育教学方法论的概念

体育教学方法学科要得到快速发展，加强体育教学方法论问题的研究极其重要。深入研究体育教学方法论将有利于体育教学方法的理论建设乃至体育教学理论的发展和创新等。对体育教学方法论的研究，既是体育教学发展的需要，又是体育教学改革深化的需要，更是体育教学方法学学科建设与发展的需要。因此，加强体育教学方法论的研究，有利于促进体育教学方法理论建设和广大体育教师教学能力及其教学质量的提高，有利于把握体育教学方法的发展趋势，对于推进体育教学理论的发展等都具有非常重要的意义。

教学方法论是以教学活动中各种教学方法与不同层次的教学对象性质之间的关系为研究对象，着重揭示已有教学方法及其体系背后的理论基础、核心构成与教学对象的各种复杂关系，以构建和解决教学方法和教学对象之间的新型关系和相应的新理论基础为核心任务。

可以说，体育教学方法论是指关于研究各种体育教学方法和不同体育教学对象之间的关系，各种体育教学方法及体系的理论，体育教学方法与体育教学对象、教学目标、教学内容等的各种复杂的辩证关系，以及揭示体育教学方法的各种规律等理论。

## 二、体育教学方法论的研究

### （一）体育教学方法论研究中存在的问题

我国体育教育界在体育教学方法论方面的研究较薄弱，对体育教学方法的理论研究缺乏深度。其根源是并没有对新的体育教学方法及时地进行理论性的深入的系统研究，揭示其基本规律，并能很好地传承下来，所以，至今体育教学方法领域难见有一定影响的专著及其大的研究成果或系列研究成果出现。在体育教学方法论方面，存在如下主要问题。

### 1.体育教学方法缺乏辩证性研究

从我国体育教学方法领域审视，有许多体育教学方法是从教育学、心理学或教育心理学等学科中引入体育教学方法领域，一定程度上丰富了体育教学方法的宝库，也增加了体育教学方法论研究的素材。然而，引进的每一种教学方法时，都需要从体育教学方法论角度进行研究，从体育教学方法与体育教学对象结合起来研究，才能考察其体育教学效果如何，其体育教学的独特功能是什么，同时存在哪些缺点或缺陷，其理论支撑如何等。我们应该认识到每一种体育教学方法都有其特定的教学环境及其教学功能，都有其运用的一整套理论及依据，既有其优势，同时也存在着某种劣势，一分为二地辩证分析每一种体育教学方法，才能掌握体育教学方法。体育教学方法的运用是用其长处而力避其劣势，体育教师只有熟练掌握才能得心应手地运用体育教学方法。

### 2.体育教学方法缺乏理论深度研究

从体育教学方法领域角度来看，对体育教学方法的观察研究，有时往往重形式而非重实质，缺乏理论研究深度。体育教学领域一旦引进新的体育教学方法，体育教学方法领域就应及时进行全面、深入的研究，才能不断夯实体育教学方法理论，创造出有一定分量的研究成果，以及推进体育教学改革的不断深化发展。

### （二）体育教学方法论研究的主要内容

### 1.体育教学方法论是对体育教学方法及其体系的理论研究

体育教学方法论包括对各种体育教学方法进行理论研究，不仅对引进的各种教学方法进行理论研究，更要对引进的教学方法需进行本土化研究，并通过实验性研究进一步验证教学方法在体育教学领域运用的理性认识及其教学功能等，从而将教学方法进行体育教学的适宜性改造，再经过实践或再提高等，使之更适应于体育教学实际，从而改变对引进教学方法的盲从性，克服生搬硬套或照葫芦画瓢的现象。同时，要对体育教学方法创新进行理论研究，以拓展体育教学方法的创新思路，提高创新能力。只有进行体育教学方法创新，创造出适应于现代体育教学改革所需的各种体育教学方法，才能不断提高体育教学质量。另外，随着传承、引进以及创新的体育教学方法的不断增多，需要及时对体育教学方法体系进行研究，以揭示体育教学方法的分类、层次和各种体育教学方法之间的相互关系，以及与体育教学对象所产生的效果之辩证关系等，使之能很好地为体育教学服务。

**2.体育教学方法论是对各种教学方法与教学目标、任务统一的理论研究**

体育教学目标、教学任务各种各样，因而需从许许多多体育教学方法中筛选出能达到体育教学目标及完成各种体育教学任务的体育教学方法。由于体育教学目标和体育教学任务确定之后，体育教学方法就成了决定性的因素，而体育教学方法的不同对达到体育教学目标及完成各种体育教学任务的效果也不同，有的会起到事半功倍的作用，但有的也会起到事倍功半的作用。因各种体育教学方法各具不同的教学功能，选用的体育教学方法有的针对性很强而具有良好效果，有的缺乏针对性而教学效果较差，同时各体育教学方法结合在一起运用，有的能起到相得益彰、相互促进的作用，有的可起到相互排斥、相互制约、相互干扰的作用，还有体育教学目标及任务完成的各阶段不同而选用的体育教学方法也不同，以及教学对象不同，其教学方法也不能相等。可以说，体育教学方法与体育教学目标、教学任务和教学对象之间有着错综复杂的关系及其辩证关系。

## 第四节　体育教学方法的发展趋势

体育教学方法是随着学校体育教育改革不断深化而不断得到发展的，其中，更受体育教学改革创新和不断提高体育教学质量要求而促进着体育教学方法的改革创新发展。体育教学方法是连接体育教师与学生的纽带，是传授体育知识、技术和技能的桥梁。体育教学方法的发展，是有效提高传授体育知识、技术和技能的根本或关键，会随着体育教师体育教学实践活动的深入研究和体育教学理论的深入研究，以及科学思维方法的渗透与努力创新行为的不断激发及增强而促进着体育教学方法的发展。

### 一、朝着实用化、系统化、科学化方向发展

体育教学方法会随着体育教育改革深化而发展，并随着广大体育教师对体育教学方法的实践和理论的不断深入研究而不断得到发展。体育教学方法不会停留在原本的教条化、单一化和表面化而禁锢的境地自圆其说，而会随着对体育教学方法实践研究和理论研究的逐步深入，不断丰富其内涵和拓展其外延，不断创新各种体育教学方法，从而促进体育教学方法朝着实用化、系统化、科学化方向发展。在体育教学方法运用中，体育教师将更加讲究体育教学方法的实效性，为有效地提高体育教学效益而针对性地选用各种体育教学方法或创新实用性的体育教学方法；同时，针对不同体育教材内容、教学任务和教学对象，将更加讲究体育教学方法的系统化，以选用一整套组合成系统的体育教学方法去完成体育教学任务等，因仅靠单一性体育教学方法是无法完成某一体育教学任务的，只有将体育教学方法组合成系统方法，才能更好地完成体育教学任务等；同时更加讲究体育教学方法的科学化，当针对某一体育教学内容，客观上同时会有多种体育教学方法可用或都能解决这一教学问题，而选用具有先进、高效的体育教学方法才能获得最佳体育教学效果。体育教学方法应针对体育不同项目的教材内容，将讲究其体育教学方法的实用化、系统化、科学化于一体，使之采用符合各体育教学内容，

具有独特的、逻辑性很强的体育教学方法，获得良好的体育教学效果。可以说，体育教学方法的实用化、系统化、科学化发展方向，有利于体育教师认清发展趋势，顺应现代体育教学改革，全面、系统地掌握与运用各种各样的体育教学方法，使之不断提高体育教学方法的理论水平和实践运用能力，不断提高体育教学质量。为此，体育教师需要努力研究与不断揭示各种体育教学方法的功能、特征、价值等，全面掌握各种体育教学方法，努力提高体育教学方法的创新能力，才能促进体育教学方法朝着实用化、系统化、科学化的方向发展。

## 二、朝着深层次的哲学深度方向发展

体育教学方法的发展，不会只停留在体育教学方法的操作性表层上。如果缺乏深层次的研究，缺乏从哲学的高度或深度去研究，就不容易从体育教学方法的本质层次去深入认识与把握，难以辩证各种体育教学方法的内在关系、规律等，难以真正掌握各种体育教学方法的"真义"。随着对体育教学方法的逐步深入研究，在体育教学方法认识层次上会逐步得到提高，并朝着深层次、哲学深度方向发展。因为哲学方法是最高层次的方法，是辩证唯物主义的基本方法，是我们对任何问题本质的认识和解决的重要方法。只有从哲学层面去认识和研究体育教学方法，才能更好地把握体育教学方法的本质、功能、特征等，更容易看清体育教学方法的本质，各种内在辩证关系等。因此，其他外学科的许多科学方法、辩证方法不断渗透至体育教学方法领域，将增强对体育教学方法的多维度认识与研究及其体育教学方法的变革。这些都有利于体育教学方法研究视角的转换，研究知识的多领域性，研究方法手段的多样性，并随着对体育教学方法的不断深入认识和研究，促进了对体育教学方法内涵的深入认识与辩证科学认识，必然会从哲学的高度或深度去研究体育教学方法。同时，从深层次的哲学深度方向研究体育教学方法，容易获得大量的理性研究成果，推进体育教学方法学科的建设与快速发展。

## 三、朝着最优化教学方法方向发展

体育教学方法的发展，通过各种渠道、路径引入、移植或创新，会产生越来越丰富的体育教学方法，不会陷入"多、杂、乱"并失去选用原则而使体育教学质量难以提高的境地，而会朝着最优化教学方法方向发展。教学方法"最优化"原则告诉我们，一要精选体育教学方法，使选用的体育教学方法呈现出"花时少、省力、易学而效果好"的特点；二要针对体育教材内容，在精选多种体育教学方

11

法的基础上，充分发挥各体育教学方法的长处，力避其短处，最优化组合成一整套体育教学方法，以充分发挥整体体育教学方法的力量，获得最佳的整体教学效果，即 1+1>2 的效果。由此，体育教学方法随着体育教学改革发展，必然会讲究其有效性及高效性，必然会向最优化教学方法方向发展，使之能够根据各种体育教学内容，组合成为最优化的体育教学方法，去获取最佳的体育教学效果。

# 第二章　体育教学思想与目标

## 第一节　体育教育思想的发展简史

### 一、体育教育的产生

体育伴随着人类的生活、生产、劳动的不断进步而日趋成熟，这在世界各民族的发展进程中都可以看到。体育是文化的组成部分，人类文化的发展对体育的发展产生着巨大的影响。作为文明古国，我国的历史源远流长，博大精深，具有丰富的优秀文化内涵。作为人类运动文化最辉煌的成就——体育，很早就在我国产生，并成为我国最优秀的文化遗产之一。作为一种社会文化，体育的产生标志着社会的文明与进步，其产生之初，通常也只有封闭的、区域性的且多数为不完善的地方文化。从不同的文化价值观和规范方面来看，不同区域诞生的区域体育文化往往差异极大。

#### （一）中国的古老文明孕育了世界上最古老的体育

据史料记载，我国在夏代已有称为"校""序""庠"等不同名称的学校。商代又出现了"大学"等施教的学校教育。西周时，学校又有了发展，分为"国学"和"乡学"两种，这些学校均为奴隶主贵族子弟设立的，是培育统治者和官吏的学校。在当时的社会中，文化知识和书籍文献都为官府所垄断，所以说是"学在官府"。奴隶主贵族子弟学校的教育内容是礼、乐、射、御、书、数，称为"六艺"。而"六艺"中的"射""御"两艺和"乐"的一部分，均可视为现代体育的范畴。当时，贵族子弟学习射箭、驾驭战车和祭祀舞蹈成为其实现自身社会角色的重要步骤之一。

从我国军事体育史的角度来看，在以往的冷兵器时代，我国古代军队教习的一些训练项目常常既属于军事内容，又属于体育手段。此外，在军事活动中，体育还常常是军事训练的有效方法，例如汉代的蹴鞠和唐代的马球都曾作为军事训练的主要内容和手段。

### （二）体育教育发展的三个历史时期

#### 1.古希腊的体育教育

古希腊的教育体系主要有两种类型，一是斯巴达教育，二是雅典教育。斯巴达教育的全部特征是追求军事效力为最终目标，从而决定了斯巴达教育中含有相当多的军事体育的内容。但就教育思想而言，斯巴达人几乎没有给后人留下什么。雅典是奴隶主民主国家，因此，它的教育与斯巴达的教育存在差距。两种教育体系的共同点是都注重实践，目的都是直接以成人的活动训练孩子成为国家的成员。然而，斯巴达是为造就士兵而教育孩子，而雅典教育的目的是把统治阶级的子弟培养为身心和谐发展的能履行公民职责的人，不仅要把他们训练成为身强力壮的军人，更要求把他们培养成为具有文化修养和多种才能的政治家和商人。因此，雅典产生了许多著名的教师，给后人留下了丰富的教育思想，其中也包含体育教育思想。

苏格拉底是第一个作为公众教师的雅典人，他强调做任何事情都离不开强健的身体和执着的精神，应坚韧不拔地锻炼自己的身体，使自己的身体做好精神的奴仆。

柏拉图是苏格拉底的学生，他继承了苏格拉底的思想，提出儿童和青年属于初级教育训练阶段。斯巴达教育体系可称为这一时期的最好楷模，当进入成年后则采用雅典式教育体系。柏拉图在《法律篇》中写道，教育有两件事：一是体育，是为身体；二是音乐，是求心灵美善的。体育又分舞蹈与角斗两部分。

#### 2.文艺复兴时期的体育锻炼

随着社会的进步，封建社会开始解体，新兴资产阶级开始对封建社会进行反抗。与此同时，德国受北欧文艺复兴运动的影响，在马丁·路德的带领下掀起了宗教改革的热潮，否定了罗马天主教会和教皇至高无上的权力，提出人人平等，没有贵贱之别的观点。这两股资产阶级革命思潮推动了体育教育的发展。这反映在一方面各种体育活动开始在民间广泛流传开来，另一方面出现了一批有开拓勇气的体育教育先驱，如皮埃尔·保罗·维尔杰里奥、格瓦里奥德维罗纳、麦尔库里亚里斯等。

### 3. 法国资产阶级革命时期的体育教育

18 世纪资产阶级革命前的法国是一个典型的封建专制国家。法国资本主义革命后，资产阶级在国家的经济生活中成为一支重要的社会力量，发起了"启蒙运动"，在这场轰轰烈烈的运动中出现了一些著名的教育家、思想家。让·雅克·卢梭是那个时代最杰出的思想家和教育理论家。他提出要对新生的一代施行自然教育，他在《爱弥尔》一书中设想了一种全新的教育，即将爱弥尔从小置身在大自然中自然地发育成长，尽管爱弥尔缺少所谓的教育，但是他仍然成为一个全面发展、尚有武力、勇敢能干的人。这种教育思想卢梭本人却从未有机会亲自实施过，但他给后人的影响是深刻和久远的。

卢梭的教育思想深受人文主义教育家的赞赏，在德国等地开办了以卢梭思想为指导的泛爱学校。在推广泛爱主义教育中，古茨穆斯的影响为最大。他制定了泛爱教育中身体教育的体系，主要包括三方面活动：（1）利用户外游戏发展儿童的个性和意志品质；（2）利用各种手工劳动增强手部技巧和能力；（3）对身体本身的练习，即利用跑、跳、投、摔跤、平衡、举重等练习方法增加力量和耐力，培养能够借以解决生活中出现的问题的能力和品质。

## 二、体育教育思想的演进

### （一）对体育教育思想的辩证认识

教育思想管理观念的转变，是教育改革的先导。多年来，我国学校体育理论和教学实际工作者对学校体育的任务、目标和教学内容、方法等问题进行了广泛、深入的研究，推动了学校体育的改革与发展，对构建具有中国特色的现代学校体育教学体系作出了贡献。我们应该历史地、全面地认识和评价以往的学校体育，给它一定的历史地位，以便借鉴、继承以往学校体育思想与实践的合理成分和经验，推动学校体育改革的深入发展。

### 1. 以历史的观点认识以往的学校体育

中华人民共和国成立初期的学校体育思想与教学体系，把增强学生体质，培养全面发展的社会主义建设者作为学校体育的指导思想，体育教育强调技能的学习和掌握，突出教师在教学中的主导地位，实行班级授课制，强调课堂组织纪律。

当然，以今天对学校体育的认识审视，它存在不少弊端，如对学校体育功能的认识过于单一，教学目标与教学效果背离，过于强调教师的主导地位而忽视了学生的主体作用，课题教学灌输过多，过于强调学生的发展服从社会需要。20世纪50年代后期，在学校体育实践中，我国不断总结经验教训，提出更为明确的体育教学任务，教学内容有所拓展，但尚未取得明显的教学效果。

### 2. 在继承中扬弃，在扬弃中继承

教育的继承性，是教育的基本属性之一。有人将中华人民共和国成立以后的学校体育分为四个或三个发展时期，而每个时期的学校体育教育，虽然指导思想、教学体系具有差异，发展程度不同，但是都具有继承接续的关系，不能截然割裂。

20世纪80年代，关于体育功能的讨论逐渐深入，有些学者认为学校体育增强学生体质的目标过于单一，只体现了体育的生物功能而忽视了心理、社会功能的开展，从而提出了以提高运动技术技能为中心的思想；借鉴国内外终身体育思想，并取得共识。

我国学校体育教育是在继承中扬弃、在扬弃中继承发展起来的，永恒、完善的教育是不存在的。20世纪50年代和80年代的体育教育，都取得了很大的成绩。我们应该具体地分析，科学地、合理地继承，不断深化和升华，以构建符合教育规律、适应当代社会发展需要的学校体育教育新体系。

### （二）近代体育教育思想的形成

### 1. 自然主义体育教育思想

自然主义体育教育思想源于欧洲文艺复兴运动时期的人本主义教育思想，到21世纪初，已发展成为一套完整的理论和方法体系。其基本原则是：体育教育应以"自然教育"为中心。按自然原则利用自然手段对儿童进行合乎自然的体育教育，体育教育的内容要顺应儿童的兴趣和需要。同时还认为，体育是德育和智育的物质基础，要想使儿童成为一个全面发展的人，就必须将儿童置身于大自然，利用自然条件让儿童自然发展，大自然完全可以承担起教育的使命和责任。上述这种自然体育观，在历史上延续数百年，影响极为深远。它充分肯定了体育在人生过程中的重要意义和作用，并提出了一套自然主义的体育方法，注意到了兴趣和需要在体育学习和教育中的作用。但这一思想也有缺陷：第一，它以"本能论"为立论基础，甚至认为人的兴趣和需要也都是源于人的本能；第二，把体育混同为教育，突出强调了文化教育功能而忽视了增强体质这一体育的本质功能和主要

目的。由于其对体育本质和目的的错误认识，在实际的体育教育实践活动过程中，不可避免地会导致体育教学中出现"放任自流"的现象，这种"顺应自然"的思想在一定程度上否认了体育教育是有目的、有意识、有计划的身体教育这一本质，容易导致人们对体育的教育性和科学性产生怀疑和误解，使他们对体育本质的认识模糊不清。

### 2.体质教育思想

这一思想强调体质的增强，基本的观点是：体育教育的目的就是增强学生的体质，增进学生的健康，促进学生的身体形态、机能、体质和基本活动能力等实质性要素的全面发展。体育教育的展开必须紧扣强身健体这一主题，体育的真义就在于增强人的体质、完善人的身体，这也是体育区别于德育、智育和美育的地方。体育教育是体育成为教育组成部分的前提，这种观点充分认识到了体育教育的特殊功能——增强体质、完善身体，客观上也起到了发展学生体质、增进学生健康的作用，在很大程度上纠正了片面的"技术观"。但这种思想的教学目标过于狭窄，由其衍生而来的教学模式也过于刻板，它过分强调了体育教育的生物属性和身体发展性，而忽视了体育教育的教养性和教育性。

## 第二节　新一轮体育课程改革的教育思想

### 一、牢牢把握体育课程教学改革的正确方向

为了进一步深化中小学体育教学改革，交流各地体育教学经验，促进中小学生身心健康发展，教育部体育卫生与艺术教育司与中国教育学会体育专业委员会联合举办了 2004 年全国中小学体育教学观摩展示活动。此次活动共选送了 107 节录像课，通过四级评审与现场展示，最后，共评出了特等奖 18 名、一等奖 32 名、二等奖 57 名。从选送的 107 节录像课特别是从参加展示活动的 30 节体育课来看，都具有较高的水平，基本上反映了新一轮体育课程教学改革所取得的成果。

#### （一）较好地贯彻了"健康第一"的指导思想

学校教育要树立健康第一的指导思想，切实加强体育工作。"健康第一"不仅是学校教育的指导思想，更是体育课程教学改革的指导思想。绝大部分参评课，特别是展示课，都以身体练习为主要手段，合理地安排课的运动负荷，力求从发展学生的身体和培养学生的自尊、自信、意志及团队意识、合作精神、竞争能力、创新意识、人际交往等方面全面体现增进学生身心健康的指导思想。尤为可喜的是，有些课还能把身体健康、心理健康与社会适应的目标与教学内容、组织教法及学习评价较好地结合起来。

#### （二）突出了学生在课程学习中的主体地位

学生是体育学习的主体。《体育与健康课程标准》强调要"以学生发展为中心，重视学生的主体地位"，参评课对这一点都很重视。主要表现在：比较重视自主学习、合作学习和探究学习等学习方式的运用，促使学生主动积极地参与学习和锻炼；重视组织教法的创新，激发学生体育学习的兴趣，使学生获得积极的情感体验；尊重学生的个体差异，注意因材施教，使每一个学生都学有所得；加强对学生的学法指导，重视学生自我评价与相互评价的运用，帮助学生学会学习。

**（三）注意创建生动活泼的教学氛围与民主和谐的师生关系**

大多数的参评课特别是小学参评课，比较重视运用情景教学、快乐教学、主题教学、体育游戏、情感分组、激励性评价、师生互动、合作讨论等多种多样的方法和手段来营造生动活泼的教学氛围，使学生受到熏陶、感染和激励，并愉快地投入学习和锻炼。值得一提的是，这些课都以提高学生的学习效果为目的来营造生动活泼的教学氛围，而不是刻意追求表面上的热闹。民主、和谐的师生关系，是学生生动活泼和主动地进行学习的前提之一，也是学生获得愉快的情感体验的重要因素。在参评课中可以看到，教师关心学生，以身作则，发扬教学民主，倾听学生意见；学生尊敬教师，自觉维护课堂教学秩序，在课堂讨论中畅所欲言；师生之间、生生之间洋溢着团结友爱、互帮互学、教学相长的良好气氛。

**（四）关注学生的运动情感体验**

学生在体育学习中获得愉快和成功的情感体验，是培养学生体育学习兴趣和终身体育意识与习惯的关键，是学生自觉、主动、积极地进行体育学习的重要条件，是实现体育课程目标的有效保证。多数参评教师都力图根据儿童心理活动的规律来组织教学，结合教材特点选用教法，使学生得到愉快的情感体验和心理满足。

## 二、必须解决的几个认识问题

**（一）关于体育课程的性质问题**

正确理解体育课程的性质，是把握体育课程教学改革正确方向的前提。新修订的《课程标准》明确规定："体育与健康课程是一门以身体练习为主要手段，以体育与健康知识、技能和方法为主要学习内容，以增进中小学生健康为主要目的的必修课程。"回顾近百年来，特别是中华人民共和国成立以来学校体育课程演化的历史，各个不同时期制订的《标准》或《大纲》，在课程目标上虽然各有侧重，但体育课"必须以增进健康为目的""必须进行身体练习""必须学习必要的知识与技能"的基本点始终未变。正确理解体育课程的性质应该把握如下几个要点：

①体育课程教学必须贯彻"健康第一"的指导思想，为增进学生的身心健康服务。

②体育课程是以身体练习为主要手段的，不是以知识传授和智力游戏为主要

手段的。

③体育与健康的知识、技能和方法，既是课程学习的主要内容，也是实现课程各项具体目标的主要载体，而且掌握这些知识、技能和方法也是《课程标准》要求达到的一项重要目标。

④体育与健康课程虽然强调多种内容、多种功能和多种价值的整合，但仍是以体育为主要内容的一门课程。

⑤小学和初中的健康教育内容由体育、品德与生活、品德与社会、生物或科学等相关课程共同完成，体育课程主要学习与体育密切相关的健康教育知识。

### （二）关于学生在课程学习中的主体地位问题

基础教育课程改革的核心问题之一是重视学生在课程学习中的主体地位。《课程标准》强调"以学生发展为中心，重视学生的主体地位"。但不能把学生在课程学习中的主体地位简单地解释为就是"以人为本""以学生为中心"等。"以人为本"这一口号，并非现代教育的产物，早在14—16世纪文艺复兴时期，古典人本主义教育思想就提出来了。"以学生为中心"则源于18—19世纪以卢梭等人为代表的新人本主义教育思想。到了20世纪初，美国教育家杜威进一步发展了"儿童中心论"。他把儿童比作太阳，认为一切教育措施都应围绕这个太阳转，一切教育活动都必须从儿童不变的本能、自发的兴趣和需要出发。进入20世纪60年代以后，马斯洛、罗杰斯等人又提出现代人本主义教育思想。这种教育思想在弘扬人的个性、强调以人为中心、注重人的情感体验等方面，与古典人本主义思想是一脉相承的，但它更关注培养学生独立的人格，强调学生在教学中的主体地位，重视培养学生的创新精神，注意发挥非智力因素的作用。不同于科学家、艺术家、教育家等主体，学生主体有其自身的质的规定性：①学生是身心处于发育过程中的主体；②学生主体的发展程度主要来自教育所施加因素的影响；③学生是以接受前人经验为主的学习主体。从学生主体这三条质的规定性中我们可以得到如下启示：

①由于学生是身心发育尚未成熟的主体，他们已有的体育知识和经验是有限的，因此，在体育课程教学中不能一切都围着学生的"兴趣"转，一切都由着学生的"天性"和"本能"来，而要根据教育目标的要求，把学生培养成为全面发展和符合社会需要的人才。

②学生朝什么方向发展？能发展到什么程度？主要取决于"教育所施加因素

的影响"。因此，那种让学生喜欢学什么就学什么、爱怎么学就怎么学、能学到什么程度算什么程度的做法，实际上是放弃教育职能的表现，是不可取的。

③"学生是以接受前人经验为主的学习主体"。教学就是要让学生快速、高效地掌握"前人经验"。为了培养学生的自学能力，为其终身发展打好基础，我们要积极提倡"探究学习"，使学生知道知识的来源，掌握获取知识的方法。但并不是所有的体育知识、技能都要让学生通过自己的"探究"去"发现"的。

### （三）关于学习目标的制订与表述问题

学习目标具有导向、激励、评价等功能。课时计划中叫"学习目标"，还是叫"教学目标"，在认识上并不统一，还可以进一步探讨。有的人认为"教学目标"是面向全体学生的，是对全体学生提出的一般要求；还有人认为"学习目标"是个性化了的目标，是学生在教师指导下，根据自己的实际情况提出的所要达到的预期学习结果。对体育课来说，无论是"学习目标"还是"教学目标"，在具体表述上一般都由行为主体、行为动词、行为条件、行为表现四个要素组成。一般来说，目标必须明确具体，是可以观察、可以测量、可以评价的。但我们觉得，这里有两点需要说明：一是对完成动作质量目标的表述，既不可能像科学类课程那样追求公式化的规整与数字的准确，也不可能像人文类课程那样要求论述的严密与概念的准确界定，它还可以是因人而异的；二是体育课对学生所做动作的要求是安全地完成或达到一定标准就可以了，它不同于竞技运动训练对运动员的要求。此外，一堂课的目标应根据具体的教材和组织教法来制订，要突出重点，不必面面俱到。

# 第三节 体育教学目标

## 一、体育教学目标概述

### （一）体育教学的概念

#### 1.体育教学目的与体育教学目标

体育教学目的是指对体育教学活动所应促成的学生身心发展变化的总的设想或规定。它是体育教学领域里为实现教育目的而提出的一种概括性的、总体的要求，制约着各个教育阶段的体育教学发展趋势和总方向，对整个体育教学活动起着统贯全局的作用。体育教学目标是体育教学目的的具体化，与体育教学目的在方向性质上是一致的，都是根据教学总目标对体育教学活动提出的要求所做出的规定。其区别在于：第一，体育教学目的是体育教学的方向目标，具有终极意义；体育教学目标是体育教学的达到目标，具有阶段意义。第二，体育教学目的是对体育教学的总体要求，对各级各类学校的所有体育教学活动都起指导作用；体育教学目标是对体育教学的具体要求，只对特定范围的体育教学活动起规范作用。第三，体育教学目的常常体现着社会的意志和要求，具有主观性和指令性，在一定时期是相对稳定的；体育教学目标更多地体现于体育教学活动主题的要求，具有一定的客观性和自主性，在实际体育教学活动中可以根据需要进行适当调整和变动。

#### 2.体育教学任务与体育教学目标

体育教学任务是为了完成体育教学目的、实现体育教学目标所应该做的而且是必须做的工作。体育教学目标与体育教学任务虽然都是同一个范畴，但又有区别：第一，体育教学任务是以体育教师为主体的，体育教学目标则是在一定时间内，体育教学中师生通过努力所要达到的教学标准和境界。它是以教师为主导、学生为主体的。第二，体育教学任务是比较笼统的，分不出阶段和层次，体育教学目标的描述由于采取了具体的行为动词，因而对体育教学过程的阶段、深度、层次有明显的限定。第三，体育教学任务是体育教师对体育教学的期望，缺乏质和量的规定性，观察和测量都难以进行，其结果难以评价。体育教学目标将体育教学任务具体化和量化，可观察，可测量，可作为评价的依据。第四，体育教学任务一般为教师所掌握。师生都要明确和掌握体育教学目标，学生可以根据体育教学目标进行自我学习和自我检测，有利于提高学生的学习主动性和学习兴趣。

### （二）体育教学目标的特点

任何体育教学活动都是围绕某种体育教学目标展开的。一般来说，现代体育教学目标具有以下特点。

#### 1. 导向性

体育教学目标是体育教学活动重要的参照标准，从某种意义上来说，它是体育教学的方向，教学设计、教学过程的组织与实施、教学评价等都要受到它的制约。当教学目标定位合理、教学活动与教学目标趋于一致时，教学就易于收到良好的效果。而当教学目标不符合客观实际时，以此为指向的教学活动所产生的结果就会出现偏差。体育教学目标的导向性是我们必须高度重视的一个显著特点。

#### 2. 系统性

体育教学目标是由认知目标、技能目标、情意目标、品格目标、能力目标和方法目标等构成的整体。虽然各目标实现的时间和程度不一致，但它们总是直接或间接地、及时或过后影响体育教学目标的达成。这些目标各具特色，优势互补，保证了体育教学中学生身心发展的全面性。因此，组成体育教学目标系统的各具体目标都不是孤立的，应将其放到整个体育教学目标系统中来衡定其地位和价值，以保证体育教学达到预期的理想效果。

#### 3. 层次性

体育教学目标具有层次性，体现在两个方面。一是体育教学目标是渐进式的，较低层次的目标可能是较高层次目标的分解或具体化，也可能是较高目标的阶段目标，且较高层次的目标往往是以较低层次的目标作为基础或手段的。如终身体育能力，它就是以体育知识、运动技能、锻炼习惯、健身方法等为基础的。二是教学目标是与学段密切相关的，体育教学贯穿学校教育始终，它所面对的是多个学段的学生。显然，教学对象不同，具体的教学目标就会有差异。如小学生，教学目标重点在于培养他们对体育的兴趣，初步学习保健和卫生知识，发展身体的基本活动能力等。而在大学阶段，则要注重满足学生个体对体育的需求，进一步提高体育素养和终身体育能力，使个体需求和社会需要相结合。因此，体育教学目标是有层次的，它是由低向高呈梯级发展的。

### 4.可行性

体育教学目标是通过体育教学活动可以达到的结果。相对于体育教学目的而言，体育教学目标是清晰、明确、具体、可行的，有利于在教学实践中顺利达成。如果目标笼统而且难度大，教学目标本身就失去其应有的价值。所以，制订体育教学目标必须切合实际，既不能过低，也不能过高，要使师生都具有可接受性。

## 二、体育教学目标的系统和内容

### (一)我国学校体育目标

学校体育目标处于体育教学目标系统的最顶端，它是一般意义的目标，对于整个体育教学目标体系来说具有终极意义。我国现阶段学校体育目标是：

（1）全面锻炼学生的身体，增强学生体质。

（2）掌握体育与卫生保健的基本知识、基本技术和基本技能。

（3）进行思想品德教育，促进学生个性全面发展。

（4）提高学生的运动技术水平，为国家培养体育人才。

### (二)课时目标

课时是体育教学活动的基本单位，一个单元的体育教学目标往往需要由连续的几个课时来完成。课时目标即每一堂课的教学目标，它是对单元目标的进一步具体化，关系到每一次具体的教学活动，所以应当非常具体、明确而富有成效。体育教学总目标通过逐步具体化，最终在每一堂课中得到具体实施，从而实现体育教学总目标。

在进行体育教学的课时目标设计时，可以运用如下方法：第一，目标分解。任何下一级教学目标的确定必须以其上位目标为依据，下位目标为实现上位目标服务，教学目标自上而下的分解过程就是一个不断具体化的过程。课时目标是教学目标体系中最为具体的目标，要设计课时教学目标，就必须明确其上位目标——单元目标及其相互关系，这就涉及一个教学目标的分解过程。这里的教学目标分解，实际上只是将课程教学目标分解成单元教学目标，以便为课时教学目标的设计提供依据。第二，任务分析。单元目标确定后，我们可以根据单元教学目标进行任务分析。实际是指对学习者为了达到单元教学目标的规定而所需学习的从属知识，对它们的相互关系进行具体的解剖。第三，起点确定。体育教学目标不是对体育教师的教学行为的描述，而是指学习者的学习结果。因此，要设计出合适的体育教学目标，就不能忽视对学习者的分析，尤其是对学习者起点能力进行分析，即确定教学的起点。教学起点的确定，直接关系到教学目标的作用发挥和教学的有效性。教学起点定得太低，会在学生已掌握的内容或教学活动上浪费时间和精力；教学起点定得太高，则可能导致课时教学目标过高，使教学脱离大多数学生的实际需要。第四，目标表述。进行体育教学目标设计时，必须对学习者通过每一项从属知识和技能的学习后应达到的行为状态做出具体、明确的表述，再将这些表述进行类别化和层次化处理。课时教学目标的表述除了需要非常具体、可操作、可测量和必须陈述学生的学习结果外，还应反映学生学习结果的类型。

### 三、体育教学目标的设定

体育教学目标是体育教学活动的起点、依据，体育教学目标的设定是体育教学设定的关键。衡量体育教学目标合理与否，就应该看该目标能否发挥应有的作用。

体育教学目标不仅是体育教学活动的预期结果，而且是体育教学活动的调节者。体育教学目标一经确立，就会给体育教学活动以积极的影响。当然，这只是对合理的体育教学目标而言，实际上，不合理的体育教学目标也会使体育教学活动遭受挫折。就是说，必须有一定的难度，通过一定的努力才能达到要求；同时，难度又不能过大，以至于尽力去完成了，也不能达到要求。

#### （一）系统化的要求

体育教学过程是一个复杂的渐进过程，我们在进行体育教学活动的设计时必须完成四个方面的任务：充分分析教学对象；制订明确教学目标；选用恰当的教学方法和手段；进行有效的教学评价。首先，体育教学目标的设定在这个系统过程中是一个至关重要的要素，居于基础和中心的位置，教学目标设定时进行的任务分析、教学起点分析、结果分析会有助于其他方面的设计，而其他方面的设计有时又会对教学目标进行修正和补充。所以，体育教学目标设定与其他方面的设定要统筹考虑、全面平衡。其次，在设定体育教学目标时要综合考虑体育教学过程的各个要素，要分析学生的生理、心理、社会背景等方面的特点；再次，还要考虑如何选用教学内容。这样，在设定体育教学目标过程中才能系统把握、整体协调教学过程中的各个要素，使体育教学目标的设定达到最优化。最后，体育教学目标包括各种层次的具体目标在内的整体系统，在设定体育教学目标时，要使各层各类具体教学目标纵贯横联，形成一个完整和谐的系统。

### （二）具体化的要求

这里说的具体化，是指体育教学目标的表述应力求明确、具体，可以观察和测量，避免用含糊不清的和不切实际的语言表达。体育教学目标设定是为了解决教和学要"达成什么"的问题。如果教学目标的表达含糊不清，不便理解、把握，势必会影响教学策略的制定及教学评价，也就不能较好地发挥教学目标的作用，教师的教和学生的学都会失去明确的方向，教学效果也就大打折扣。

### （三）难度适中的要求

体育教学目标难度适中有利于发挥其激励功能。所谓难度适中，是指所设立的体育教学目标应在学生的"最近发展区"，是学生经过努力可以达到的。当然，学生之间还是存在一定的个别差异性，同样的目标，基础好、能力强的学生感觉不到困难，基础薄、能力差的学生则会感觉难度很大，无法完成。因此，在设定体育教学目标时应考虑这种状况，使具体的体育教学目标能反映出学习结果的层次性。为了设定难度适中、层次合理的体育教学目标，体育教师应深入了解学生的实际情况，实事求是而不是主观臆测地编制教学目标。

### （四）便于检测的要求

体育教学目标要发挥标准的作用，就必须是可检测的。如果体育教师提出的目标是含糊、笼统的，那就难以检测；如果体育教师提出的目标是明确、具体的，那就便于检测。科学的体育教学目标的构建是一个系统工程。体育教学目标必须符合教育现代化的要求，充分体现出体育教学的价值，有助于学生健康个性的发展，有效地促进学生终身体育思想的树立和终身体育能力的形成。

## 五、体育教学目标的实现

### (一)体育教学目标与教学对象

体育教学目标的实现总是具体的,即具体地在每一个体育教学对象身上实现。体育教学目标如何在每一个个体身上实现呢? 我们从以下两个方面来看:

一是保持体育教学目标的弹性。具体做法是:首先要了解学生的实际情况,或者尽可能地让学生了解自己的状况,然后制订出不同层次的教学目标,并允许学生选择达到不同目标,同时也允许调整各自的目标。

二是关注体育教学目标的"非预期性"。上面所说的制订不同层次目标,总体上都是说预期目标,是教学之前设想好的可能达到的境地。然而,在现代体育课堂中,教师越来越意识到事物发展变化的复杂性和不可预期性。因此,体育教师关注非预期性目标的实际做法就是把教学目标分为基础性目标和发展性目标,前者是预期的,是"保底"的,后者是非预期的,是既不"封顶"也不预设的,开放地接纳任何意外"涌现"出来的学习结果或发展状态。

### (二)体育教学目标与教学内容

实现体育教学目标,教学内容是关键。在今后的体育教学中,应根据各层次的不同目标和教学实际选择不同的教学内容。总的原则是:注重体育和健康教育的有机统一,加强体育健康知识教育;对竞技运动项目的规则、器材、场地进行适当调整,进行教材化改造,使竞技运动文化的传承和竞技运动健身有机统一。

### (三)教学目标与教学评价

教学评价是体育教学的重要环节,体育教学工作状况的优劣,必须通过适时的教学评价才能获得相应的信息,才能了解教学目标的实现程度,才能实现体育教学过程的最优化。而评价的主要依据就是体育教学目标。从所设定的目标出发,去检查体育教学工作实现目标的程度。通过不断的信息反馈,能一次又一次地纠正教学活动中的偏差,使一切教的活动和学的活动都紧紧围绕体育教学目标的实现来进行,以提高教学效能。

# 第三章　体育教学环境与原则

## 第一节　体育教学环境概述

### 一、体育教学环境的概念

教学环境是教学活动中的重要因素，体育教学同样要讲究环境，体育教学环境是体育教学活动中的一个重要因素。总的来说，体育教学环境是学校实现体育教学活动所必需的多种客观条件的综合，它是按照体育教学活动中人的身心发展的特殊需要而组织起来的环境。同时，体育教学环境又作为环境以及教学环境的下位概念，它是学校体育环境的组成部分，也是学校体育教学的重要影响因素。毛振明教授认为，体育教学环境是在体育教学过程中影响"教"和"学"的条件的总和，主要包括制度、集体、氛围、物质等方面的条件。

### 二、体育教学环境的特点

体育教学环境是一种特殊的社会环境，在体育教学中具有重要的意义，它是体育教学活动必不可少的物质基础。与其他学科相比，体育教学环境又有自身的特点，即体育教学环境对教学产生的影响更直接、更适时、更明显。

由于体育教学环境是学校里的环境，学校是专门化的教育场所，所以学校体育教学环境又有别于其他环境，具有以下几个特点：

#### （一）规范性

学校的体育教学环境是育人的专门场所，肩负着育人的重任，因此，环境建设的各个方面都必须符合育人的规范和要求。

#### （二）调控性

与其他一些自发形成的环境或自然环境相比，体育教学环境具有易于调节控制的特点。人们可以根据体育教学活动的目的和需要，不断对体育教学环境进行必要的调节和控制，发挥其对学生身心发展具有积极影响的因素，消除消极影响因素，使体育教学环境朝着有利于教学活动顺利进行的方向发展。

### （三）净化性

学校是培养人才的地方，有高素质的师资队伍，有国家教育政策和方针的规范指导以及比较稳定的课程体系，而且教学环境的主客体因素是在追求真理、掌握知识、强身健体这样一些共同的高尚的目标下组织在一起的，各种环境因素并不能随意进入教学活动，都要经过一定的选择、净化、提炼和加工等纯化处理。相对其他的社会环境来说，教学环境没有外界的喧嚣繁杂。可以说，学校是社会的一方净土。

### （四）教育性

体育教学环境是进行体育学习的平台，它是体育教学活动赖以进行的物质依托和舞台，同时，构成体育教学环境的各种环境因素本身也具有教育意义。正因为体育教学环境是一个培养人才的场所，所以人们在构建体育教学环境时，对它的教育功能的需要已远远超过对物质功能的需要，这也是体育教学环境相异于其他环境的一个主要特征。

## 三、体育教学环境的功能

体育教学环境的功能，指的是体育教学环境在体育教学活动的作用中产生的特殊功用与效能。体育教学环境对体育教学的影响既有积极的，也有消极的。良好的体育环境是有效开展体育教学活动的前提，是体育教学活动顺利进行的基本保证，对学生身心的和谐发展有着重要的意义。

### （一）指导功能

方向和目标是人们行动的指南，也是行动的动力。体育教学环境的指导功能是指体育教学环境可以通过自身各种环境因素集中一致的作用，引导学生主动接受一定的价值观和行为准则，使他们向着社会所期望的方向发展。如前所述，体育教学环境是按照人的身心发展的特殊需要和国家教育方针、学校培养目标的具体要求组织起来的育人场所，它集中体现了社会主流文化的精神和价值取向，体现了国家和社会对年轻一代成长发展的期望。这些要求和期望渗透在学校的各种环境因素中，形成一种具有教育和启示意义的教育资源，引导着学生的思想，规范着学生的行为，塑造着学生的人格。体育教学环境可以通过自身各种因素的综合作用，对学生起到引导的作用，帮助学生培养体育学习的兴趣，养成锻炼身体的习惯，并自觉抵制不良行为，形成文明健康、积极向上的生活方式。

### （二）陶冶功能

体育教学环境的陶冶功能，是指良好的体育教学环境可以陶冶学生的情操，净化他们的心灵，使他们形成高尚的道德品质和行为习惯。学生个体的思想信念、道德情操和行为习惯总是在一定的社会环境中形成的。实践证明，整洁、文明的校园，和谐、文明、积极向上的体育教学环境，可以陶冶学生的情操，为培养学生良好的思想品德创造很好的条件。体育教学环境对人的教育作用不是强行灌输的，而是在体育教学中结合生动形象和美好的环境，通过有形的、无形的或物质的、精神的多种环境因素的综合作用，使学生在耳濡目染、潜移默化中受到熏陶和感化，从而对学生起到很好的教学效果。如果能够很好地运用体育教学环境的陶冶功能，不仅对实现体育教学目的具有重要意义，而且必将提高学校的体育教学质量。

### （三）激发功能

体育教学环境的激发功能，是指良好的体育教学环境可以有效激发教师的工作热情和工作动机，提高他们工作的积极性，从而推进学校教育、教学工作的顺利开展，提高学校教学工作的质量。在良好的体育教学环境中，各种环境因素都能激发教师和学生的积极性。如宽敞明亮的教室、整洁的场地、功能齐全的器材、充满活力的运动场以及良好的学习氛围等都会给师生带来极大的振奋和鼓舞，成为他们工作、学习的极大动力。特别是良好的班风学风，对师生来说，是一种强大的精神力量，时刻激发着师生振奋精神、团结向上。

### （四）健康功能

体育教学环境的健康功能，是指体育教学环境对师生的生理与心理健康状况具有重大的影响。体育教学环境是师生长期生活、学习、工作的环境，环境的好坏直接影响着师生的身心健康。实践证明，科学、卫生、安全和没有空气污染、水源污染及噪音污染的体育教学环境，能够促进学生健康快乐地成长，有效地提高学习质量，并使其身心得到很好的发展。另外，积极的心理环境也对学生的心理健康起到很关键的作用，如和谐宽松的学习环境和良好的师生关系，都能使学生保持乐观、稳定、积极的情绪，使学生在良好的心理环境中健康地学习和成长。

## 四、体育教学环境的要素分析

体育教学环境是一个复杂的系统，它是由多种因素构成的。它们既相互独立，又相互联系；既相互制约，又相互补充。体育教学环境对体育教学质量有着重大的影响，因而要正确地认识体育教学环境，并不断改进和完善。

### （一）体育教学的物理环境

体育教学的物理环境是体育教学环境的一个重要组成部分，是学校进行体育教学活动的物质载体或物质基础。没有这个物质基础，体育教学活动只能是空中楼阁，根本无法进行。体育教学的物理环境是体育教学中各种有形的、静态的硬环境部分，主要包括体育教学场所、体育教学设施、体育教学的自然环境。

第一，体育教学场所。教学场所是学校的自然地理位置，也是学校建筑物所在位置，它从整体上规定了学校宏观的环境面貌，是能否进行教学的前提条件，包括校址的选择、占地面积的大小等。体育教学场所除了包括各种不同功能的教室外，还包括体育馆和各种体育场地如田径场、篮球场、排球场，以及这些场地的周围环境如树木、草坪等。体育场、体育馆的布置与建设除要考虑学校整体的布局外，其位置、方向、采光、通风、色调、声音、温度以及建筑材料等都必须符合运动和学生身心的特点以及安全、卫生与审美的要求。

第二，体育教学设施。教学设施是构成学校物质环境的主要因素，是体育教学活动顺利进行的重要基础。教学设施是否完善、良好，直接关系到体育教学质量的好坏。体育教学设施主要有两类：一类是常规性设施，如课桌椅、实验仪器、图书馆、多媒体教室等；另一类是体育器材设备，如体操垫、健身器材等。这些都是体育教学活动必需的基本设施和开展体育教学活动的必备条件，对完成体育教学活动的任务起着重要的作用。

第三，体育教学的自然环境。自然环境是指人类生存和发展所依赖的各种自然条件的总和，是人类难以改变的自然因素，如地理位置、气候特征等，它从总体上规定了学校的环境面貌。与其他教学不一样，体育教学大都在室外进行，且学生要从事一定的身体活动，因此自然环境对体育教学的影响很大。体育教学的自然环境主要包括校园内和学校周边的地形、森林、湖泊、草地、沙漠以及阳光、空气、雨雪、温度、声音等。体育教学的自然环境复杂多变，因此在教学中我们只能因地制宜、扬长避短，从实际出发，充分合理地开发利用体育自然环境。

### （二）体育教学的心理环境

体育教学的心理环境是由学校内部许多社会、心理因素构成的，它是体育教学中无形的、动态的软环境部分，对师生的心理活动和社会行为乃至整个学校的教育、教学活动都有着不容忽视的潜在影响力。体育教学的心理环境和物质环境共同构成了学校体育教学环境的整体。体育教学的心理环境一般包括校风与班风、学校体育的传统与风气、体育课堂教学氛围、体育教学中的人际关系。

第一，校风与班风。校风即一个学校内部所形成的社会风气，它是学校的一种集体行为风尚。校风是学校全体师生经过长期的努力形成的，是一种无形的环境因素，具有一种巨大的教育力量，它与学校的教风、学风、班风及领导作风等都有着密切的关系。校风是构成一所学校心理环境的核心，它的教育力量表现在：它决定着学校的现状以及将来可能发生的变化。积极的校风能催人奋发向上，激励师生员工的积极性和自觉性，使师生齐心协力地完成教学任务，达到预期的教学目标；消极的校风则使学校缺乏凝聚力，教学活动秩序混乱，师生员工情绪低落，难以形成工作与学习上集体的合力，导致教师不能顺利地完成教学任务。班风是一个班级所有成员在交往中形成的一种共同心理倾向，是校风形成的基础。班风塑造了学生的态度和价值观，又影响班级活动的开展。良好的班风主要是指尊师爱友、勤奋学习、关心集体、讲究卫生等风气，这些良好的风气使学生在良好的氛围中与他人交往，并能激发学生学习的热情，使人积极向上。

第二，学校体育的传统与风气。学校体育的传统与风气是指一个学校在体育方面养成并流行的带有普遍性、重复出现和相对稳定的一种集体行为风尚，它是校风的有机组成部分。良好的学校体育传统与风气对学生起着非常积极的作用，对学生产生潜移默化的影响，使学生形成正确的体育态度、兴趣、爱好并养成锻炼身体的良好习惯，对提高学生的体育文化修养等方面都起着非常重要的作用。要建设好一个学校的体育传统与风气，是一项长期并艰巨的任务，不仅需要学校的正确指导方针和方法，还需要教师的精心设计和管理。

第三，体育课堂教学氛围。体育课堂教学氛围是指班集体在体育课堂教学过程中形成的一种情绪、情感状态，它包括师生的心境、态度、师生之间的关系等。体育课堂教学过程实际上是一个师生情感交流的过程。在体育教学活动中，教学氛围对能否顺利完成教学任务，达到体育教学目标具有十分重要的意义。积极的课堂教学氛围有利于促进师生之间的情感交流和信息传递，有利于教师及时掌握学生的学习情况，在教学反馈信息的基础上不断调整教学策略，最大限度地引导和调动学生学习的积极性和自觉性，帮助学生树立克服困难的勇气和信心，使教师在教学中取得理想的教学效果。

# 第二节　体育教学环境对教学目的、学生学习的影响

## 一、体育教学环境对学生的智力影响

智力是学生认知、学习的必要条件。一般来说，学生的智力水平越高，学习成绩就会越好，因而，正常的智力发展对于学生的学习活动具有无比的重要性。体育教学是通过学生的身体活动提高运动技术技能并达到锻炼的目的，它对学生身体的影响更直接、更明显。由于体育教学的特殊性，在很多情况下，不同的体育课程在不同的环境中进行，使得体育教学环境更加复杂。学生进行智力活动时，需要有适当的环境光线强度。环境光线过强会给脑细胞带来太大的刺激，使人感到烦躁头晕，影响思维判断能力；光线太弱则不能引起大脑足够的兴奋强度。使大脑保持在适宜的环境温度可以提高大脑处理信息和解决问题的能力。一般这个温度是 20℃ ~25℃，环境温度超过这个值，学生的学习能力就会下降。教学环境的研究还表明，颜色在促进人的智力活动方面也起着很重要的作用。适度的颜色可使人平静，易于消除大脑疲劳，提高用脑效率；而过深和过于鲜艳的颜色，如深红色、深黄色等可使人产生强烈刺激，使大脑兴奋，随后则趋向抑制。另外，教学环境中的声音对学生的智力活动也能产生重要影响。处于高分贝的音响环境中，会使人头晕乏力，兴奋性减弱，记忆力减退，注意力不集中，思维易发生紊乱；适度的音量、悦耳动听的声音则可以使人轻松愉快，易于使人在无意中进入智力活动的佳境。

良好的体育教学环境还能激发学生积极的情感，并促进智力活动的进行。很多研究表明，情感对个体的认知过程具有组织或瓦解的效能。情绪对智力活动的影响具有两重性，愉快的情绪有利于智力活动，沮丧、愤怒的情绪则不利于智力活动。在教学活动中，体育教师要意识到体育教学环境是通过情感来影响学生的智力活动的，不同的教学情境可以形成不同的情绪和情感。体育教师在教学中要运用好教学环境的这一功能，这样不但能提高学习效率，发展学生的智能，还能

收到良好的教学效果，更好地完成教学目标。

## 二、体育教学环境对学生学习动机的影响

人在进行某种活动之前就有一定的动机，学生的学习活动也不例外。学习动机就是推动学生进行学习的一种动力，它表现为学习的需要、意向、愿望或兴趣等形式。在体育教学活动中，学习动机通过发挥自身的指引方向、集中注意和增加活力等功能，对学生在学习体育技术技能的过程中产生重要的影响。只有学生对运动技术技能感兴趣或者说是对某种技术技能有了学习动机时，才能使学生有兴趣和动力去学习，积极配合教师的教学工作，这样教学才能收到很好的效果。

人的动机的形成是受多种条件的制约和影响的。在现实生活中，引发人的动机的因素是多种多样的。研究表明，学生的学习动机是在具体的学习情境中激发和发展起来的。体育教学环境中的各种环境因素都可以成为影响学生学习动机的诱因。例如，体育课堂教学气氛、师生之间的人际关系、班级的凝聚力、体育教学周围的环境等，都在一定程度上对学生的学习动机产生影响。这些影响有积极的，也有消极的。它们既可以充分调动学生学习的积极性，使他们全力以赴地投入到学习中，也能使他们厌恶学习，失去学习的兴趣。因此，要形成好的体育学习动机，教师必须创造良好的体育教学环境。

## 三、体育教学环境对学生课堂行为的影响

课堂行为就是学生在课堂学习过程中认知、情绪的外在表现。在体育课堂教学过程中，学生的行为主要表现在对教师提问的反应行为，师生之间、学生之间的交往行为，对教学活动的反馈行为等。很多关于教学环境的研究表明，不同的体育教学环境可以导致不同的课堂行为，不同的课堂行为又导致不同的教学效果。在教学过程中，体育教学环境的各种物理因素如教室的光线、班级人数、教室的空间特点等都与学生的课堂行为有着重要的关系。有专家研究表明，教室的墙壁和教室内的课桌椅等的色彩过于强烈和鲜艳，容易使学生分散注意力，兴奋好动，不专心听讲。教室内的温度过高，则容易使学生烦躁不安，课堂上容易发生冲突行为，不易维持课堂秩序。教室内的座位编排也对学生的课堂行为产生重要影响。教师的位置与学生的距离不同，产生的课堂行为也不一样。教师对于前排和中排学生所造成的压力分别是较高和适中的，有了教师的监控，学生自然能较好地约束自己的课堂行为，认真听讲，积极反应。而对后排学生，他们与教师的距离大

些，压力明显减弱，教师有时候失去了对他们的监控，学生就容易分心，搞小动作。因此，为了提高教学效率，教师在教学的过程中可以环绕课堂走动，或者定时调换座位等，改善空间特点，让学生与教师有更多的交流机会，使教学信息得到及时的反馈，活跃课堂气氛。

另外，课堂教学气氛、师生之间的人际关系、教师的管理作风和集体规范等也是制约学生课堂行为的重要因素。在各种心理环境因素中，学生集体的规范是影响学生课堂行为最直接的因素。集体规范是整个集体成员在共同的生活中形成的为大多数人所接受的行为准则。集体规范可以作为一种无形的环境力量影响和制约学生的个人行为，使他们维护班集体的荣誉，遵从班集体所赞同的目标和价值。实践证明，健康的集体规范能约束学生的课堂行为，使他们在教学过程中认真听讲，自觉遵守课堂纪律。所以，在体育教学的过程中，教师要注意引导和培养学生健康的集体规范意识，有效地控制学生的课堂行为，提高体育教学效率。

### 四、体育教学环境对学生学习成绩的影响

体育教学环境从诸多方面影响着学生的学习活动，体育教学环境也同样与学生的学习成绩密切相关。很多研究证明，在其他条件相同的情况下，教师的期望、良好的校风等都能有效地提高学生的学习成绩。此外，体育教学环境中的其他因素如光线、噪音、温度和班级规模等对学生的学习成绩也有一定的影响。因此，在日常的体育教学工作中，教师应努力为学生创造一个良好的体育教学环境，使各种环境因素都成为积极推进学生学习活动的有利条件，并结合体育教学特点，最大限度地发挥各种环境因素的作用，更好地实现体育教学目的。

# 第三节　体育教学环境的调控与优化

体育教学环境是一个由多种要素构成的复杂的整体系统，它在体育教学过程中对学生学习过程中的认知、情感和行为产生着潜在的影响，对体育教学活动的进程和效果施加着系统的干预。师生之间与体育设施及活动场所都存在着密切的联系，体育教学环境中的各种物质的、心理的因素都时刻影响着体育教学的效果。可以说，体育教学环境的优劣在某种程度上决定着体育教学活动的成效。

## 一、调控优化体育教学环境的要求

所谓调控优化，主要是依据某些特定的要求，对体育教学环境的各种因素进行必要的选择、组合、控制和改善，尽量克服不利因素带来的负面影响，实现体育教学环境的最佳状态，使体育教学环境有利于学生身心的健康发展和体育教学活动的顺利进行。要调控优化学校体育教学环境，必须从物质环境和心理环境的要求着手。

### （一）体育教学物质环境的调控优化的要求

体育教学场所包括体育馆和各种体育场地，以及这些场地周围的环境，如阳光、空气、树木、草坪等。体育场馆的布置与建设不仅要考虑学校的整体布局，还要考虑场馆的位置、方向、通风、颜色、温度及建筑材料等必须符合运动条件和学生身心的特点及安全、卫生与审美的要求。体育教学场所还是整个学校校园环境的重要组成部分，是整个学校最显眼、最有吸引力的地方，因此，对体育教学场所的有效调控，不仅可以使体育教学更加人性化，还能提高整个学校环境的文化内涵。体育教学设施是开展体育活动的必备条件，对完成体育教学任务起着重要的作用。学校要重视体育教学自然环境的调控优化，有计划地建造风雨操场、室内体育馆，以减少风雨、强烈阳光等对体育课及锻炼身体的影响。要提高自然环境的环保意识，在体育场地旁多种植花草树木，改善空气质量，过滤有害物质，减少大气污染，降低噪音，为师生创造一个良好的锻炼身体的自然环境。

### （二）体育教学心理环境的调控优化的要求

体育教学课堂气氛对能否顺利完成体育教学任务具有重要的意义，所以必须抓好对体育教学课堂气氛的调控。调控的结果应该是使师生之间形成一种很好的情感交流，彼此和谐融洽、民主平等，这样才能让学生在愉快积极的情感状态中学习。对体育教学中人际关系的调控也是不能缺少的。师生之间要相互信任和理解，情感融洽，形成轻松、生动、活泼的教学气氛，这样才有利于体育教学信息的传递，使学生的学习效率得到提高，体育教学活动得以顺利进行。

## 二、调控优化体育教学环境遵循的原则

调控优化体育教学环境还必须要遵循以下几点原则。

### （一）教育性原则

体育教学环境是体育教学的载体，是培养人的场所，环境中的各种因素都可能对学生产生潜移默化的影响。所以，必须对体育教学环境有足够的重视，任何场馆的建设、装饰、布局都要考虑到是否有利于学生的身心发展、是否有利于体育教学的顺利进行。这里的教育性原则，主要是指体育教学环境的一切设计都必须为学生的发展和体育教学服务，要能启迪学生的思想，陶冶学生的情操，激励学生奋发向上，所以，必须发挥各种都环境因素的教育意义。

### （二）科学性原则

所谓科学性原则，就是要求体育教学环境的建设要符合学生身心发展的特点和体育教学规律，要遵循生理学、心理学、教育学、建筑学、卫生学、教育社会学、教育美学、德育的基本原理，要通过科学的调控优化，使体育教学环境真正的人性化，真正成为科学和艺术的统一体，并服务于大众。

### （三）实用性原则

体育教学环境的设计、建设和优化应当根据学校的实际情况和经济条件，本着经济、实用、有效的宗旨进行。体育各类场馆、场地的建设不是为了追求豪华的设施和讲究排场，而是为了更好地服务于体育教学和学生的身心发展。因此，体育教学环境的建设要从学校的实际情况出发，根据学校的实际经济能力和体育

教学的需要去建设必需的体育教学场所。

### 三、调控优化体育教学环境的策略

#### （一）整体协调策略

这一策略是指在体育教学环境的调控过程中，学校的教职工都要从整体出发，要有全局观念，秉着整体利益高于一切的原则，先从整体上对体育教学环境的各个方面进行规划调整，必要时对局部进行调整，最后把各种环境因素有机地协调为一个整体。

在具体的操作过程中，我们要考虑到体育教学环境的特点，把各类体育场馆、运动场地、设施与学校的其他教学设施、校园绿化、各类装饰结合起来，建立良好的师生关系，形成积极向上的校风班风以及优良的学校体育传统风气。同时，将各种体育环境因素产生的影响协调统一起来，使它们向着有利于促进学生身心健康和提高体育教学质量的方向发展，最终服务于学生和体育教学。

#### （二）利用自身优势策略

这一策略是指在体育教学环境的调控优化过程中，要充分利用学校已有的有利环境条件，为体育教学活动创造一个良好的环境。不同地区、不同学校在环境条件上是有差异的。每个学校在环境上都有自身的特点和优势，学校应该结合已有的环境，充分发挥自身的优势特点，这样不仅会节约建设新环境的成本，还能改善整个学校的教学环境，给体育教学环境的建设带来新的突破。例如，学校可以根据山地优势，在校园内设立越野跑、登高跑；北方学校可以借助天气优势，在下雪的时候建立临时的滑冰场等。

#### （三）培养学生自控能力策略

这一策略是指体育教师不仅自己要重视调节控制体育教学环境，而且要重视学生在调节控制体育教学环境方面的作用，培养学生自控自理环境的能力，使学生学会控制和管理体育教学环境。在体育教学过程中，学生和教师都是体育教学环境的主人。学生在体育教学环境的改善和建设中往往发挥着很重要的作用。要创建良好的体育教学环境，肯定离不开学生的参与、支持和配合。学生是教学的主要对象，学校各类场馆的建设或是各类教学环境都是为学生的身心发展服务的。比如，良好的学风班风的建设、校园的绿化美化、教室的装饰与布置、各类场馆场地的维护以及学校纪律与秩序的维护等，都与学生联系紧密。为此，体育教师要调动学生参与体育教学环境建设的主动性和积极性，培养他们对体育教学环境的责任感，提高他们控制环境和管理环境的能力。只有把师生联合起来，共同创建良好的体育教学环境，共同维护体育教学各类场馆设施，共同发扬优良的体育传统和风气，以此极大地提高学生参与体育教学的主动精神，达到提高学生综合素质的目的，体育教学环境才能在师生的共同努力下变得越来越和谐，越来越美好。

# 第四节 体育教学原则概述

## 一、体育教学原则的概念

原则，就是指人们说话或行事所依据的准则和标准。在人类教育发展的过程中，人们总结各种教学实践经验，研究教学工作的成败，得出教学成功的规律，提出了各种各样的教学原则。所谓教学原则，是根据一定的教学目的和任务，遵循教学过程的规律而制定的对教学的基本要求，是指导教学活动的一般原理。教学原则来源于教学实践，是人们经过长期的教学活动，对教学客观规律进行的归纳和总结，它体现了人们对教与学的发展过程所反映出来的客观规律的认识。

教学规律是客观存在的，不以人的意志为转移，是教学过程中固有的、本质的、必然的、内在的联系。人们只能发现它和利用它，不能违背它、改变它。教学原则是人们根据对教学过程规律的认识而制定的，要搞好教学工作就必须遵循教学要求。同时，教学原则是主观对客观的反映，可以随着教学实践的变化而变化。只有教学原则正确地反映了教学规律，教师在教学中很好地掌握和利用了教学原则，教学才能取得成功。所以说，教学原则与教学规律是一致的，它们在教学活动中都具有很重要的指导意义。在教学中，这两者都是必不可少的。

## 二、体育教学原则提出的依据

体育教学原则是在教学实践中，教师或专家经过长期的教学经验的积累，通过科学的研究总结上升到体育教学的理论。教学原则不是随意提出来的，它的提出主要有下面几点客观依据。

### （一）体育教学目的是体育教学原则的重要依据

体育教学原则的制定和实施要依据一定的教学目的。体育教学就是要实现一定的教学目的，完成一定的教学任务。任何一个教学原则或教学原则的体系的提出，必须服从于一定的教育目的。我国的教育目的，是使受教育者在德、智、体、美、劳等几方面都得到发展，成为从事社会主义现代化建设的有用人才。这一目的从总体上规定了学校教学活动的发展方向和预定的发展结果，指导和支配着教学活动的各个方面。教学原则作为指导教学活动的基本要求，必须要遵循和反映这一目的。

### (二)体育教学原则是体育教学规律的反映

体育教学原则反映的是体育教学过程的客观规律，它的提出必须以体育教学过程的客观规律为依据。然而，因为受很多因素的影响，人们对体育教学过程规律的认识又是不相同的。人们对体育教学过程规律的认识是逐渐接近的，而不是一成不变的，这些情况造成了不同年代、不同教育家所提出的体育教学原则也不同，但都反映了人们对体育教学规律的认识水平。体育教学规律是客观存在的，是不以人的意志为转移的。人们可以认识或利用它，但不能制造或消灭它。体育教学原则则不同，它一方面要根据对教学规律的认识进行制定，另一方面又必然地加进了制定者的主观意志因素。因此，研究和制定体育教学原则，必须深刻认识和了解体育教学规律。

### (三)体育教学原则是体育教学经验的概括和总结

体育教学原则是长期体育教学经验的概括和总结。体育教学实践经验对体育教学原则的制定永远具有重要意义，它不仅是制定体育教学原则的依据，也是检验体育教学原则的标准。体育教学原则的正确性、实效性，不是依据人的主观意愿决定的，而是通过体育教学实践进一步修正、完善的。

人们在从事体育教学实践的活动中，不断探索出成功的经验或失败的教训。对这些经验和教训要反复认识，不断地总结和深化，由感性认识上升为理性认识，从而制定体育教学原则。

## 三、体育教学原则的意义和作用

在整个体育教学过程中，体育教学原则是教学过程的出发点，它在一定程度上决定着体育教学内容的安排、体育教学方法的选择和体育教学组织形式的运用。体育教学原则确定之后，它对体育教学活动中的内容、方法、手段、形式的选择，都有着积极而重要的作用。巴拉诺夫指出："教学论原则决定教学方法。选择教学方法和论证其效果有赖于作为这些方法基础的教学论原则。教学论原则体系，就是对学习和掌握教材的基本途径的总的说明。"

体育教学原则产生于人们长期的体育教学活动实践中，它本身凝结着许许多多优秀教师的宝贵经验。因此，科学的体育教学原则在人们的体育教学活动的实践中灵活有效地运用，对体育教学活动的顺利开展，对提高体育教学活动的质量和效率都会有着积极的作用。

体育教学活动越是能够符合体育教学原则，体育教学活动就越是容易成功；反之，就越是可能失败。但由于体育教学活动是在不断发展的，并且体育教学模式多种多样，不同的体育教学模式需要不同的体育教学原则相适应，因而体育教学原则也处在不断变化与发展之中。所以，正确地理解和贯彻体育教学过程中的客观规律，对明确体育教学目的、选择与安排好体育教学内容、正确地运用体育教学方法、提高体育教学效果、加速体育教学进程、完成体育教学任务具有重要意义。

学习和掌握体育教学原则，能使我们按照体育教学的客观规律组织体育教学活动，正确解决体育教学内容、体育教学方法和体育教学组织形式等一系列理论与实践问题。遵循体育教学原则进行体育教学工作，就能提高体育教学质量，达到预期的体育教学目标；如果违背了体育教学原则，就会事倍功半，甚至劳而无功。

# 第五节　体育教学原则体系

所谓体育教学原则体系，是指反映体育教学规律的多个原则之间不是孤立分散的原理，而是有机地相互联系的组合。只有建立一个科学完整的体育教学原则体系，才能发挥体育教学原则对整个体育教学过程以及体育教学活动的各个基本环节的指导作用。

体育教学原则的作用在于保证学生获得知识、技能和技巧，而这些原则又是相互关联、相互支持的，构成一套相对独立的体系。实际上，由于学生在学习过程中各种智力因素和非智力因素是相互联系的，形成各自相对独立的体系，而体育教学原则正是在这个基础上制定的，因此也就必然会形成一套体系。可见，体育教学原则既有共同性，也有特殊性，不同的学生应采取不同的体育教学原则体系。体育教学原则体系必须突出体育教学的特点，体现体育教学特点的内容，这也是制定体育教学原则最为基本的要求。本节拟提出以下几点原则。

## 一、师生共同协作原则

所谓师生共同协作原则，是指体育教学活动中，体育教师在充分发挥主导作用的同时，还要充分调动学生学习的主动性和积极性，使体育教学过程完全处于师生协同活动、相互促进的状态之中。它的实质就是要处理好体育教师与学生、教与学的关系。

师生共同协作原则，是体育教学过程中教与学相互影响与作用规律的反映。教学是教师的教和学生的学相互作用的活动过程。在这个过程中，体育教师的活动与学生的活动必须朝着一个共同的方向，相互配合、相互协调，才有可能取得预期的体育教学效果，完成体育教学任务。体育教学实践中要实现师生共同协作原则，须遵循以下几点要求。

### （一）发挥体育教师的主导作用，培养学生的学习兴趣

体育教师应充分发挥其在体育教学中的主导作用，在教学过程中要培养学生

的学习兴趣。师生活动的协同，不仅是体育教师要积极地教，更重要的是学生能够积极地学，即使学生主动地参与和适应体育教学过程。体育教师应当教给学生学习的方法，培养学生独立的思维能力，使学生真正获得学习的主动权。在遇到问题时，要引导学生做出正确的选择或找到解决问题的办法，不能放任自流。在体育教学过程中，需要培养学生掌握更多的学习方法。体育教师要在传授知识技能的同时传授学习方法，向学生做出科学学习方法的示范。体育教师还可以在课后定期地召开学习经验交流会，使学生掌握有效的学习方法。

体育教师要很好地发挥的主导作用，要有较高的素质，以高质高效的工作去满足社会和学生的需求，有能力、有水平、有方法、有热情地去组织实施体育教学活动。所以，体育教师必须提高自身素质教养，这样才能在体育教学过程中对学生进行很好的教育，使学生学到更多的知识。

### （二）体育教学要调动学生学习的积极性和参与意识

教学的启发性表现在采取有效的方式，激发学生学习的积极性，通过学生自己来解决问题。在体育教学中，通过启发性的提问、正误对比的示范、做动作前的想象回忆，以及组织学生互相观察、互相帮助，鼓励学生完成动作时进行自我评定和自我调节等措施，促进学生积极思维，提高学习的自觉性。在体育教学中，体育教师对学生的启发教育工作做得如何，就是看他在教学中是否善于引导学生开动脑筋去思考问题，引导学生主动学习。

体育教师在教学中的主导作用是否发挥得好，主要看教学是否充分尊重了学生的主体地位，是否充分调动了学生的主动性，是否积极地参与到了教学活动中。在体育教学中，教师要着重培养学生的独立性和创造性，培养学生独立解决问题的能力和创造性地运用所学的知识、技能、技术的本领。所以，体育教师在课堂中要多鼓励学生敢于提问题，善于提问题，学会用多种方法解决同一问题，进行独立思考问题，让学生的思维得到很好的锻炼。

### （三）根据教学任务确定教学内容

体育教学要激发学生的主动性和积极性，教学内容和要求必须符合学生的实际需要和兴趣。如果教学内容过难或过易，标准过高或过低，使学习无法完成教学任务或很容易就完成教学任务，都会影响学生的积极性和主动性。体育教师应该根据学生的具体情况和教学任务来确定教学内容，在教学中制定符合学生实际情况的参照标准，有了参照标准，就可以对不同的学生进行正确的评价、估计，不断鼓励和鞭策学生，使学生努力达到制定的标准，让学生有成就感，这样就可以增强学生学习的信心，有效地激发学生的积极性和主动性。

### （四）培养学生对体育学习的兴趣

要使学生积极主动地参与体育学习，完成体育教学任务，前提是学生对体育学习感兴趣。如何培养学生对体育学习的兴趣，这就需要体育教师在教学实践中善于发现学生学习的特点和心理倾向。首先，通过体育教学活动使学生不断有新的进步，从而获得成就感，因势利导地实施教学活动。为此，体育教师应努力使学生具有良好的学习状态，树立学生学习的信心，使他们看到自己的进步和成功，教学方法应富于多样性、活跃性，使学生轻松愉快地学习。其次，学习的兴趣与学习的动机是相互关联的，有的学生通过考核取得了好成绩，就会表现出对学习的主动性和积极性，如果通过努力取得更大的成功，获得鼓励和赞赏，再通过教师的正确引导和帮助，就可能使兴趣得到巩固和提升。所以，在体育教学中教师要注意培养学生的学习兴趣，使学生的兴趣和正确的学习动机结合起来，逐渐对体育学习产生更大的兴趣和爱好。

## 二、因材施教原则

因材施教原则，是要求体育教师在教学中从实际出发，根据不同对象的具体情况，采取不同的方法，进行有针对性的教育，使每个学生都能在各自原有的基础上得到充分发展。

在教学中，教师要正确理解和重视因材施教原则，并认真贯彻好因材施教原则，不能用一个固定的尺度去衡量所有学生，扼杀学生个性的发展。体育教学中贯彻因材施教原则，要遵循以下几点要求。

### （一）要深入细致地研究和了解学生

在体育教学中要贯彻因材施教原则，教师必须研究和了解学生，这是整个教学的根本出发点，是因材施教原则的前提条件。教师研究和了解学生，就是要弄清每个学生的兴趣、爱好、性格特点、学习态度、知识基础、健康状况以及家庭、社会背景等。教师可以通过问卷调查、查阅资料和咨询等方法对学生进行细致的了解，找出每个学生存在的个体差异，并对这些个体差异进行全面的分析，在此基础上考虑区别对待的对策。

### （二）因材施教与统一要求结合起来

统一要求是指按照国家统一规定的教育目的、教学计划来进行教学。教学要达到国家所规定的基本要求就必须按照统一要求来完成教学任务。体育教师要教育和要求学生正确处理好体育学习与发展个人兴趣、爱好、特点的关系，使他们能够按照国家的统一标准努力学好课程知识。在实施统一要求的同时，教师再根据个别差异进行重点指导，使学生充分发挥个人的特长。有了统一要求，体育教学才会有共同的标准规格，才不会降低教学水平；有了因材施教，体育教师才能有效地使学生得到充分发展。

### （三）正确对待学生的个体差异

每个学生的身体素质、心理特点、兴趣爱好、知识掌握的程度等方面都有可能存在差异，这些差异在体育教学中的影响是相当复杂的。一个学生可能在某些方面表现出长处，而在另一方面有短处，或者在其他方面存在着差异。比如在思考问题上，有些学生思维敏捷，反应较快，善于逻辑推理；有些学生可能反应比较迟钝。这些差异的形成原因是多方面的，有的是个性特点的表现，也有的是学习上的成败体验造成的。体育教师必须对学生表现出的差异特点进行全面而具体的分析，区别对待，这样才不会给体育教学带来不必要的影响。同时，体育教师要明白，这些个体差异具有不稳定性，某方面的短处在一定条件下是可以转化为长处的。所以，教师要用发展的观点看问题，正确看待个体间的差异，引导学生互相帮助、互相学习、互相评价等。通过开展一些活动和教育，使师生在思想上共同具有正确对待个体差异的认识和行为。

### （四）通过各种教学形式创造因材施教的条件

在体育教学活动中，教师要采用多种教学的组织形式来进行因材施教，根据不同类型的学生采取有针对性的、灵活多样的措施。对身体条件和运动技能比较优秀的学生，教师不仅要发现他们，更重要的是要采取有效的措施精心培养他们，为他们进一步的发展创造更好的条件和提出更高的要求。对身体条件和运动技能比较差的学生，教师可以单独给他们补习功课，给予特别的关怀和照顾，并深入研究他们的心理活动特点，从实际出发，制定一套适合他们特殊情况的措施。另外，还要针对不同的学生制定不同的教学形式，提出不同的教育措施。通过多种教学形式，使每个学生都能有进步，都能体验到学习和成功的乐趣。

### 三、促进身体健康与提高学生整体发展原则

体育教学的首要任务就是要促进身体的健康和帮助学生实现全面发展。"健康第一"是体育教学最重要的思想，体育教师时刻要把增进学生身体健康与学生的身心全面和谐发展有机地统一起来，把传授体育知识、技能、技术与培养能力、发展个性统一起来，全面实现体育教学目标。

体育教学就是通过身体的练习促进学生身体各器官机能的发展，提高身体健康水平，达到强身健体的目的，使学生有充沛的精力完成各项教学任务，并为终身体育奠定基础。有了健康的身体，才能更好地发展学生的感知、观察、判断、想象、创造性思维能力，才能培养学生形成健康的情绪和情感、良好的社会行为、高尚的道德和情操，使学生各方面都得到和谐发展。体育教学中要贯彻促进健康与提高学生整体发展原则，要遵循以下几点要求。

#### （一）全面贯彻教学大纲提出的目标和要求，发挥好体育教学功能

体育教师要认真学习、掌握原国家教委颁布的《体育教学大纲》精神，要把"健康第一"的精神作为最重要的指导思想。在贯彻大纲精神的同时，要注重基本理论知识的教学，让学生从书本上学到更多的知识，了解健康的价值以及参与各种身体锻炼以增进身体健康的重要性，以便更好地实施体育实践活动。加强培养学生健康的心理素质的内容，教育学生热爱生命，增强身体健康，适应社会各种环境，增强心理承受能力和遇到挫折时的承受能力。

#### （二）通过体育基础知识的学习，使学生学会自我学习

体育与健康的基础知识在体育教学中起着重要的作用。通过理论知识、基本技术、基本技能的教学，促使学生主动地学习，使学生学会学习，学会自我锻炼、自我评价，学会科学的锻炼方法，这样学生就能够在良好的学习氛围中快乐、主动地进行学习，为身心健康、全面发展和终身体育奠定基础。

#### （三）体育教学必须通过各种方法促进学生身体各部位全面健康发展

体育教学活动就是要在提高基本技术、基本技能学习的基础上，促进学生身体各部位、各器官、各系统的机能和基本活动能力的全面发展。人体是在大脑皮层统一调节下的有机体，尽管身体任何运动都是相互联系、互相制约的，身体上某一运动器官的活动，都会对其他部位生理机能有促进作用，但是如果经常进行

某项单一的身体活动，也会造成身体某些部位畸形的发展，影响整个身体的全面健康发展。因此，体育教学要注重强调运用多种教材、多种手段、多种方法进行适合学生身体健康发展的教法，有计划地对学生身体进行科学、全面的训练，系统地提高健康水平，使学生身体均衡、健美、健康地全面发展。

### （四）教学计划应结合体育教学促进学生身心全面发展

在制订体育教学计划时，应结合体育教学，把促进学生身心全面发展贯穿于整个教学过程中。要使学生达到全面锻炼的效果，必须把各项教材内容进行合理的安排，结合各教材内容的特点，相互弥补各教材内容的缺陷，才能更好地进行练习，使身心得到更好的发展。体育教学具有很多特点，它还会受季节、场地器材、气候等不同条件的限制。因此，仅仅通过短时间的教学，就达到全面锻炼的要求是不可能实现的，只有把长时间的教学看成是一个完整的过程，才能做出合理的、全面的安排。一个完整的教学过程是由每一节课组成的，所以，教师必须重视每一节课的教学安排，使教学内容尽量全面。

### （五）在体育教学的各个阶段中，注意促进学生全面和谐发展

体育教学中，制订教学任务、选择教学内容和运用各种教学手段和方法，都应注意增进学生健康，并促进学生全面和谐发展。体育课的活动包括身体各部分的活动。基本部分教材的安排，既要能提高身体素质，又能促进身体各部位的发展，还要有针对性地安排某些身体素质的内容，这样可以弥补基本教材对身体全面发展的不足。

## 四、适量的身体运动负荷原则

适量的身体运动负荷原则是指在体育教学活动中，根据体育教学的特点，合理安排学生能够接受的生理负荷和心理负荷，使练习与间歇合理交替，使机体不断适应新的负荷的刺激，以满足学生锻炼身体和掌握运动技能的需要，达到增进健康、增强体质的目标。

体育教学中要贯彻适量的身体运动负荷原则，要遵循以下几点要求。

### （一）适量的身体运动负荷要服从体育教学的目标

适量的身体运动负荷的最终目标就是要实现锻炼身体和提高运动技能，要科学地安排运动量才能更好地实现教学目标。合理安排身体的运动量对实现体育教学目标起着决定性作用，教师不能忽视运动量对教学目标的影响，更不能一味地

追求相同的运动量或大运动量。通过身体基本理论知识并结合适宜的运动负荷，是增强体质的基本原理和体育教学目标的基本要求，教师要让学生意识到这一点，并合理地安排身体的活动量。

### （二）适量的身体运动负荷要服从学生的身体发展状况与发展需要

适量的身体运动负荷是让学生科学地进行身体锻炼，这体现了学生身体发展的需要，也体现了对学生身体的无害性，而这些都决定了学生的身体发展情况。教师要合理地安排身体运动负荷，就必须了解学生的身体发展各个阶段的特点，了解学生身体发展的科学原理，了解各项运动的特点。

### （三）通过科学的教学方法合理地安排适量的身体运动负荷

体育运动项目及练习的方法多种多样，有的运动量大，有的运动量小；有的运动强度大，有的运动强度小，因此，在设计体育教学内容时，要考虑到运动量的问题，进行科学合理的搭配和必要的教材改造。由于教学过程是一个不断学习发展的过程，教材的各个阶段有着不同的任务和特点，所以，要根据教学过程的不同阶段的特点来很好地安排运动量。

### （四）要因人而异地安排适量的身体运动负荷

在体育教学中要安排适量的身体运动负荷，因为每个学生的承受能力不相同。受生活制度、营养条件、气候条件等的影响，学生的身体机能能力的大小也不同，同样的负荷可以产生不同的负荷效果，不同的负荷也可以产生相同的负荷效果。所以教师要考虑学生的整体情况，掌握学生的体质状况，因人而异地进行调整，根据所了解的学生身体的强弱等具体情况来安排适量的身体运动负荷，要把整体要求和区别对待结合起来。

### （五）提高学生自我控制运动负荷和进行自主运动的能力

体育教师在教学中要加强锻炼原理和适宜运动负荷以及运动处方等有关知识的教育，让学生学会自我判断运动量和调整运动量的常识，以便他们运动时能够把握好自身的运动量，并逐步学会锻炼身体的方法。

## 五、直观性原则

直观性原则是指在体育教学过程中，充分利用学生的多种感官和已有的经验，积极引导学生感知事物，从而获得直接经验和感性认识；引导学生对学习、内容进行归纳总结，通过身体活动，使其掌握体育知识、技术技能，完成学习任务。体育教学与一般教学的不同之处也在于教学方法的不同，直观性起着很重要的作用，因为学生需要从事身体练习，在体育教学过程中必须给学生以明确的动作示范，以便于学生进行模仿和练习，进而达到对于各种知识的掌握。

### （一）运用各种方式进行直观教学

在体育教学中，为使学生更形象、更生动地掌握运动技术技能，教师要充分利用各种方式进行直观教学。如对摄影录像内容或图片进行动作分解讲解。通过学生的感觉器官，使学生迅速建立起对动作的生动形象，了解动作技术细节，以及动作的时间、空间关系来提高学生运用各种感觉器官对运动进行综合分析的能力。

### （二）运用语言要直观，启发学生积极思维

在体育教学中，教师要用生动的语言进行讲解、描述，给学生以感性的认识，形成生动的表象。教师用语言使学生的知识经验重新组合，构成新的表象或想象，这要求教师用生动、精炼、直观的语言进行讲解，用通俗易懂、丰富有趣、生动形象的比喻，把学生的运动经验和生活经验结合起来，使学生明确动作要点，更好地掌握运动技术技能。

## 六、安全运动与卫生教育原则

安全运动与卫生教育原则是指在体育教学过程中使学生安全地从事运动技术的学习，在保持身体健康的同时，对学生进行安全卫生教育，避免在教学过程中的不必要损伤和外界环境带来的麻烦。

体育是以角力活动、剧烈身体活动、器械上身体活动、极限探险运动等活动构成的。与一般教学相比，体育教学可能带来的运动损伤的比例要大得多，因此，体育教学既有确保安全的难点，又有进行安全教育的重点。为了降低体育教学过程中学生的损伤概率，体育教师在教学中必须对学生进行安全运动与卫生教育。

### （一）教师要预测到可能存在危险的因素

体育教学中有很多危险因素都是可以预测到的。在长期的教学活动中，把可以预测到的危险因素归纳为以下几点。第一，因学生的思想态度产生的危险因素。

如学生擅自行事、准备活动不充分等。第二，因学生身体和活动内容的差异产生的危险因素。如动作难度过大、缺乏必要的保护与帮助等。第三，因器械的坏损和不备产生的危险因素。如绳索折断、单杠折断等。第四，因场地条件变化产生的危险因素。如塑胶跑道破损绊倒等。第五，因学生身体状况产生的危险因素。如学生伤病期勉强参加运动等。第六，因特殊天气产生的危险因素。如酷暑的长跑、暴雨的淋浇等。

对以上这些可以预测到的危险因素，体育教师在上课前应对学生进行教育，避免发生意外，以消除一切可以消除的危险。

### （二）时刻对学生进行安全运动与卫生教育

要很好地贯彻安全运动与卫生教育原则，教师和学生必须密切配合，因此，体育教师要时刻对学生进行安全运动与卫生教育，让每个学生都了解安全卫生的重要性，使学生时刻注意安全运动与卫生。教师还可以经常组织学生开展安全运动与卫生教育系列讲座，这样可以让学生学到更多安全运动与卫生教育的知识，为安全运动与卫生教育做好保障。

### （三）要建立运动安全制度和安全设备

对于一些比较危险的课程内容，要制定严格的安全制度；对那些比较危险的教学内容和教学手段，要进行改进或限制；对比较容易发生危险的体育设施，要进行必要的防护或张贴警示标志，时刻提醒学生注意防范危险，并自觉做好预防工作。

# 第四章　体育教学方法

## 第一节　体育教学方法概述与分类

### 一、体育教学方法的概念

当前国内体育学者对体育教学方法概念的解释，大多是机械地移植了一般教学论中的教学方法的概念，在教学方法前面加了个"体育"就是体育教学方法，因此，体育教学方法在概念界定方面存在诸多问题。以下是部分国内学者对体育教学方法的定义。

#### （一）国内学者对体育教学方法的定义

《体育教学论》中认为："体育教学方法是在体育教学过程中，教师与学生为实现体育教学目标和完成体育教学任务而有计划地采用的、可以产生教与学相互作用的、具有技术性的教学活动。体育教学方法主要包括教学策略、教学技术和教学手段三个主要的层次。"金钦昌在其编著的《学校体育理论》中认为："体育教学方法是指在体育教学过程中完成教学任务所实施的工作方法，它包括教师教的方法和学生学的方法。"夏思永主编的《体育教学论》认为："教学方法应该是教师进行施教并引导学生学习的工作方式和手段。"吴志超、刘绍曾等在《现代教学论与体育教学》中认为："体育教学方法是实现体育教学任务或目标的方式、途径、手段的总称，属于体育教学法的范畴。"

#### （二）中外学者对体育教学方法概念界定的共识

首先，体育教学方法要服务于体育教学目的和教学任务。体育教学方法与体育教学目的是密切联系的，如果没有体育教学目的，就不会有所谓的体育教学方法。无论是明确论述，还是隐含其中，各种界定含义都体现出体育教学方法必须为实现体育教学目的、完成体育教学任务服务的思想。因此，无论哪一种教学方法，都要以实现一定的教学目的为前提。

其次，体育教学方法体现教师的教与学生的学之间的紧密合作。人是社会活动的主体，而教师和学生又是教学活动的主体因素，所以体育教学方法是师生共同完成教学活动所采用的手段，而并非单指教师的教学方法或单指学生学习的方法。现代体育教学方法的定义无一例外都是以此为核心而阐述的。

再次，体育教学方法是体育教学中师生双方行为动作总和的体会。体育教学方法一般应包括教师和学生在教学过程中活动的方式、途径和手段等一系列行为动作的总和，表现出教师和学生动作的外部行为特点。

最后，体育教学方法的功能是多方面的，既可以通过体育教学方法使学生掌握知识、技能和技术，也可凭借体育教学方法使学生形成思想品质和审美观点，发展他们的潜力和个性。

### （三）对体育教学方法的定义

通过上述讨论，我们可以发现体育教学方法的本质性的特征：主体是体育教师和学生，师生紧密合作是为了达到一定的体育教学目的；具有指引性和可操作性。

因此，体育教学方法是指在体育教学过程中，为了达到一定教学目标、实现教学目的，由师生在共同活动中所采用的具有指引性和可操作性的教学方式、途径和手段的总称。

## 二、体育教学方法分类的意义

从体育教学方法发展的历史看，教学上继承和创造的体育教学方法是极其丰富的。由于体育教材的多样性、教学内容的实践性、教学组织的特殊性、教学对象的差异性，决定了体育教学方法的复杂性，而且各体育教学方法又有各自的特点和特殊作用。因此，对各种体育教学方法进行分类和分析，便于区分体育教学中一般的东西和特殊的东西、本质的东西和次要的东西、理论的东西和实际的东西。此外，分类有助于探索新的体育教学方法，为发现和寻找未知事物提供方向。体育教学方法的分类，通过对教学实践经验的总结概括，有助于教学实践者澄清思想，把握教学方法的本质特征和应用条件。这样就便于体育教师从理论上加深对教学方法的理解，也就便于结合教学实践的具体情况，正确选择和使用教学方法，提高教学质量。

### 三、体育教学方法分类逻辑基础

分类就是把一个概念的外延分为几个小类的逻辑方法。小类的是大类的种，大类是小类的属，所以分类就是把一个属分为几个种的逻辑方法。在分类时必须遵守的规则是：首先，分类的各个子项互不相容，即各个子项之间都有全异关系。其次，各子项之间必须穷尽母项，也就是各子项之和等于母项。最后，每次分类必须按同一分类标准进行，分类的标准是一个属性或一些属性。我们是根据事物具有或不具有这一或这些属性，把事物划分成几个子项。

### 四、体育教学方法的类别

按照逻辑学的分类规则，根据体育教学中信息的获取方式不同，把体育教学方法分为三类：①视觉信息类体育教学方法。②听觉信息类体育教学方法。③动觉、触觉、本体感觉信息类体育教学方法。

#### （一）视觉信息类体育教学方法

这一类体育教学方法是指体育教师或者学生主要通过视觉来获得有关的教学信息。视觉信息的信源是多种多样的，有人体本身的，有实物的。这一类信息具有生动、形象、具体等特征，是人们认识事物重要的情报。提高视觉信息类体育教学方法的效果，一方面信源发出的信息要正确、鲜明；另一方面信库应提高接收信息的能力。下面根据信源的不同，分别叙述有关的体育教学方法。

##### 1. 以人体本身为信源的视觉信息类体育教学方法

（1）以体育教师为信源的体育教学方法。这类方法包括示范、手势、步伐、眼神、表情等多种方式，每种方式都有自己特殊的作用，都是不可忽视的。

（2）以学生为信源的体育教学方法。这类方法包括身体练习、步伐、表情、眼神等多种多样的方式。对于身体练习，学生是分解做还是完整做，要视学生对动作掌握的程度和动作的复杂程度而定。在动作技能形成的第一阶段，学生只要达到不出现主要的、明显的动作错误，能完成动作的基本技术结构，初步地掌握动作技能即可。在动作技能形成的第二阶段，学生就应当比较熟练、准确、协调地完成动作，而且是完整动作。在动作技能形成的第三阶段，则要求学生在变化条件的情况下，仍能熟练、准确地做出动作。

### 2. 以实物为信源的体育教学方法

在体育教学中，以实物为信源方式是很多的，例如运用教学挂图、演示教具模型、设置不同的标志物、安置不同颜色的灯泡、画上不同形状的鲜明的线条、放映幻灯片、电影和录像等。

在实践过程中，应当将以人体为信源和以实物为信源两类体育教学方法有机地结合起来，正确处理人与物的关系，效果会更佳。

### （二）听觉信息类体育教学方法

这一类体育教学方法是指体育教师的教和学生的学主要通过听觉获得有关的体育教学信息。听觉信息的信源也可分为人体和实物两类。下面分别叙述有关听觉信息类的体育教学方法。

### 1. 以人体为信源的听觉信息类体育教学方法

由人体发出的听觉信息，可分为外部信息和内部信息两类。对于体育教师来说，主要是运用机体外部的听觉信息进行教学活动；而对于学生来说，运用内部、外部听觉信息进行学习活动几乎是同等重要的。

### 2. 以实物为信源的听觉信息类体育教学方法

（1）录音机的使用。可以播放做操的口令，指挥学生做操；也可以播放相应的音乐，指挥学生练习健美操、韵律操、舞蹈等。

（2）口笛的使用。笛声是集体练习时的一种常用的听觉信息，个别的体育教师还利用笛声指挥学生的学习活动。笛声不同，代表意图也不同，学生听到后会做出相应的动作。

（3）节拍器的使用。使用节拍器可以使动作按照一定的节拍进行，这对于学生形成准确的动作节奏、掌握动作速度感是有一定作用的。

另外，击鼓声、发令枪声、电铃声等，都是影响师生教学活动的听觉信息，都是以实物为信源的听觉信息类体育教学方式。

### （三）动觉、触觉、本体感觉信息类体育教学方法

这一类体育教学方法主要是通过动觉、触觉和本体感觉获得体育教学有关的信息。这些信息的来源可能是学生的机体本身，也可能是他人。这类方法可以使学生获得做动作时的用力方向、幅度和顺序的感受，并体会正确的姿势、维持身

体的平衡等。

### 1.信息来自学生机体的教学方法

（1）动觉信息类。这是学生通过动觉中枢接收信息的一种学习方式。例如提高动作的速度感，是学生动觉中枢发挥作用的学习方式。

（2）触觉信息类。这是学生通过触觉进行学习的一种方式。例如踢足球时，用脚接触球时产生的触觉，有助于改进和提高各种不同踢球动作技术。

（3)本体感觉信息类。这是学生凭借肌肉本体感觉接收信息的一种学习方式。例如在做倒立动作时，本体感觉要失去平衡时就会立即调节自己的姿势，移动重心以维持平衡。

### 2.信息来自他人的教学方法

（1）动觉信息类。这是学生动觉中枢接收来自体外信息的一种学习方式。例如在学习单杠挂膝摆动动作时，在他人帮助下做摆动动作，被帮助的学生动觉中枢就会感知摆动动作是如何做的。这样经过几次练习以后，没有他人帮助，学生也可以独立地完成这个动作。

（2）触觉信息类。这是学生用触觉感知来自体外信息的一种学习方式。例如做两臂侧平举时，教师扶持学生正确做出动作后，让学生体会两臂侧平举的姿势和位置；或者教师扶持学生做出肩肘倒立的正确动作，使其通过触觉感知正确的动作。

（3）本体感觉信息类。这是学生的本体感觉感知来自体外信息的一种学习方式。例如当学生做倒立动作将要失去平衡时，教师帮助他移动身体姿势，恢复平衡。这样经过多次重复，学生就能掌握这个倒立动作。

此外，有的教师采用"双簧教学法"———一人示范，一人讲解，使学生的视觉和听觉同时参与到教学活动中，教学效果更为明显。

上面从体育教学中信息的传递与接收的角度对体育教学方法作了简要分析。可以看出，体育教学方法不单是方法问题，它既包含认知信息，又包含反馈信息，它本身就是体育内容的一个重要组成部分。体育知识、技能就包含着体育的方法、方式。因此，必须把学习和掌握体育教学方法当作学习和掌握体育知识、技能一样来对待。各种体育教学方法和方式有其自身的独特作用，同时又必须相互配合，使之发挥多方面的作用。

## 第二节  体育教学方法的选择与运用

### 一、合理选择体育教学方法的意义

在长期的体育教学实践中，人们已经积累了丰富的体育教学方法。随着现代教育技术的发展和教学改革的不断深入，又会有许多新的有效的方法产生。面对丰富的现代体育教学方法，体育教师进行体育教学时必须根据体育教学的实际情况对众多的体育教学方法进行选择和配合。因而，在进行体育教学时，体育教师能否正确选择教学方法，就成为影响体育教学质量的关键问题之一。实践证明，教师只有按照一定的科学依据，综合考虑教学的各有关因素，选取适当的教学方法，并能合理地加以组合，才可能使教学效果达到最优化；如果毫无选择地使用教学方法或错误地选用教学方法，就会给教学活动造成不利的影响。正是从这个意义上说，教学的成败在很大程度上取决于教师能否妥善地选择教学方法，知识的明确性、具体性、根据性、有效性、可信性，有赖于对教学方法的有效利用。

### 二、选择体育教学方法的依据

#### (一)根据体育教学的具体目标与任务

方法是为实现目标服务的，要分析教学目标的性质、特点，从中寻求对方法的要求。不同体育课的教学目标与教学任务需要不同的体育教学方法。如果是传授新知识的教学任务，就得选择语言传递信息的方法、直接感知的方法；如果是形成和完善技能、技巧的任务，就得选择以实际训练为主的方法；如果是练习课，就要更多地使用练习法、比赛法等教法。如果是单元的前段课，可能发现法、游戏法就可以多用一些；如果是单元的后段课，可能小群体教学法和比赛法就可以多用一些等等。

因此，体育教学方法选择的关键因素应是具体的教学目标。这些教学目标既包括体育知识内容目标，又包括体育技术技能方面的目标，还包括培养学生良好的社会心理和社会适应等方面的目标。体育教师要能够掌握相应的教学目标分类知识和方法，能够把教学中总的抽象的目标分解，转化为具体的可操作性目标，并依照不同的目标来选择和运用具体的体育教学方法。

### （二）根据教材内容的性质和特点

一般说来，不同性质的教学内容要求有不同的方法与之配合，因此，要很好地分析内容的结构、性质、特点、形式，以确定它们对方法的要求。趣味性较差的运动项目很适合用游戏的方法；而发展学生身体素质则常用循环练习法；含有重要科学原理的运动项目就很适合用发现式教学法；动作简单而又不易分解的教材内容，常采用完整法来教授；比较复杂的教学内容又可采用分解法来掌握动作技术等等。总之，教师应该把握各自教学方法的适用范围，并且能够根据不同的教材内容的特点，灵活而有创造性地选择适当的体育教学方法。

### （三）根据学生的实际情况

教师的教是为了学生的学。体育教学方法要适应学生的基础条件和个性特征。运用体育教学方法的最根本目的是学生的体育学习，而不是教师的一种自我展示。所以，选择体育教学方法时，体育教师要考虑学生对使用某种方法在智力、能力、学习方法、学习态度及身心发展规律等方面的准备水平，做到因材施教。如对中学生，就不适宜使用"情景教学法"；对活泼好动的小学生，他们的注意力不易集中，就不宜采用领会教学法，而应常用直观法或游戏法来进行教学；对熟练的学生，就不适宜使用正规的分解教学法；对身体素质不好的学生，就不适宜使用"循环练习法"。即使是同一年级或同一班级的学生对某种教学方法的适应性可能都会有很明显的差异，不同年龄段的学生对相同教学方法的适应程度也可能不相同。因此，体育教师应当注意从学生具体实际出发，科学地分析、研究学生的上述特点，有针对性地选择和运用相应的体育教学方法，使学生在学习掌握体育知识、形成技能的同时，能够促进身心向更高的水平和阶段发展。

### （四）根据教师自身素质

教师素质在教学活动中主要体现在他的表达能力、思维品质、个性特长、教学技能、教学风格特征、组织协调能力、教学控制能力及师生关系等方面。如有的教师形象思维能力和语言表达能力强，就可以多用生动形象的语言来描绘体育现象和问题；有的体育教师身体形象和运动技能强，就可以多用示范和帮助的方法使学生产生学习兴趣和信任感；有的体育教师比较幽默，就可以多用一些有意义的笑话来阐述一些道理或巧妙地处理一些突发事件；有的体育教师给人以严肃的印象，就不宜开一些不伦不类的玩笑，而应多进行正面教育。总之，教师选择教学方法，应根据自己的实际条件，扬长避短，在其他条件相同的条件下采取与自己条件相适应的教学方法。诚然，作为一个有责任心的体育教师，也应通过努力学习来克服弱点，提高自身素质，不断提高选择各种体育教学方法的能力。

### （五）根据各种体育教学方法的功能、适用范围和使用条件等

无论哪一种体育教学方法，都有各自的独特功能、适用范围和使用条件等的限制，同时又有各自的优点。在体育教学过程中，教学方法功能作用的发挥受制于教学过程诸因素的优化组合。某种方法对于某种体育项目或知识是有效的，而对另一体育项目或知识则可能是完全无用的。比如，传授新知识的谈话法，是以学生的知识准备和心理准备为前提条件的，离开了这个条件，用谈话法去传授新知识是困难的。讲授法虽能保证学生在短时期内获得大量的系统的知识，便于发挥教师的主导作用；但是，它不容易发挥学生的主动性、独立性和实践性。探索法、研究法对发展学生的智能，培养学生独立学习能力起着积极作用；但是，它又受到时间等条件的限制，必须与谈话、讲解等其他方法配合使用才能收到良好的效果。因此，选择体育教学方法时，必须认真分析各种方法的功能、应用范围和使用条件。

### （六）根据教学时间和效率的要求

体育教学要采用一定的方法，其主要目的是使体育教学工作顺利而有效地进行。体育教学的最优化，就是要求以最少的时间取得最佳的效果。例如，在体育教学过程中，发现式教学法要比讲解法用更多的时间，分解法要比完整法浪费时间等，因此，在体育教学实践中，在选择具体的体育教学方法时，应该考虑其所用教学时间和教学效率的高低。好的教学方法应该是高效低耗的，至少能在规定的时间内完成教学任务，实现具体的教学目的，并能使教师教得轻松，学生学得愉快。但是我们还要注意"必要的浪费"，即看起来费时间但实际上很重要的步骤，比如要使学生明白一个重要的原理，用点时间让他们探索和发现是很有意义的，是高效率的。总之，体育教师应尽可能选择省时又有效的方法，以达到教学效果的最优化。

**（七）根据教学的物质条件**

在体育教学过程中，教学的物质条件也是制约教学方法的重要因素。这里所说的教学条件，主要是指学校教学器材、场地设施等。教学条件对教学方法功能的全面发挥有一定的制约作用，例如，用海绵块练习背越式跳高，比用沙坑练习的效果好，因为前者可以减轻学生的恐惧的心理负担，提高神经系统的兴奋性；在体育馆内上课，可以减少周围环境无谓的刺激，有助于提高体育教学方法的效果，特别是现代化教学手段的充分运用，可以弥补体育教师动作示范的某些不足，有利于提高体育教学质量。因此，体育教师选择教学方法时，在教学时间条件允许的情况下，应该最大限度地运用和发挥学校教学设备和教学空间条件的功能与作用。

以上所论述的七种体育教学方法的选择，都是依据体育教学活动的基本因素确定的基本准则，但这并不是一种僵化或教条的规定，也不是一种孤立的、一成不变的教学方法使用规则，实践教学要求体育教师"以不变应万变"。选择合理的体育教学方法就是为了使这些方法更好地为实现体育教学目标和教学任务服务。

# 第三节　体育教学方法的应用及基本要求

## 一、以语言传递信息为主的体育教学方法

课堂教学离开师生之间的互动交流是难以进行下去的，而互动交流最主要、最经常的是以语言传递的方式来进行的。以语言传递信息为主的体育教学方法，是指教师以口头语言为中介，通过师生之间的交流对话，使学生掌握体育知识，形成运动技能，获得身心良好发展的教学方法。

体育教学在使用以语言传递信息为主的方法时必须注意语言、讲解及讲解法之间的关系。首先，语言不等于讲解，在体育教学中同样有大量的语言交流，体育教师也有许多用于课堂需要的专门语言，例如："立正""向右看齐"等，但这些不能都理解为讲解。教师语言与讲解之间最大的区别应是他是不是在向学生说一件学生不懂的事情，也就是说语言只表达"是什么"，而讲解需要回答"为什么"。其次，讲解不等于讲解法，体育教学中教师也有大量的讲解，但不应把所有的讲解都理解或讲解法，因为有的讲解只是一般的解释或解惑，没有技术的成分在其中，效果一般，不值得去学，而讲解法则是用一定的技术去向学生解释或解惑，使学生用最短的时间弄清楚体育学习过程中遇到的问题。在体育教学过程中，常用的以语言传递信息为主的方法有讲授法、谈话法、讨论法。

### (一)讲授法

#### 1.讲授法的含义及方式

讲授法，是体育教师通过口头语言向学生传授体育知识、运动技能的方法。体育教师通过循序渐进地叙述、描绘、解释、推论等来传递信息，传授知识，引导学生分析和认识体育运动中出现的问题，促进学生的身心全面发展。从教师教的角度来说，它是一种传授的方法；而从学生学的角度来说，它是一种接受性的学习方法。讲授法是一种最主要的、最基本的教学方法。运用其他方法时，常常

需要结合一定的讲授。运用讲授法，可以使教师有较充分的主动性，易于控制所传递的知识内容，还可使学生在较短时间内获得较多的系统连贯的知识。

体育教学中的讲授法通常包括讲述、讲解两种方式。

（1）讲述，是指体育教师向学生系统叙述和描绘体育教学内容的一种讲授方式。通过讲述来表达事件、知识技能要领等，解决的是体育教学中"是什么"的问题。

（2）讲解，是指体育教师对体育教学内容进行解释、说明和论证的一种讲授方式。讲解主要解决的是"为什么"的问题。讲述和讲解经常结合使用，这样既能讲明事物或事件发生、发展的经过，又能讲明运动过程中蕴含的规律。

**2. 运用讲授法的基本要求**

（1）教师的讲授应以学生为中心。学生是体育教学过程中的主体，体育教学目的是促进学生身心的健康发展，增强学生的社会适应能力。体育教师从备课、组织教学、上课到布置练习，整个过程都要考虑到学生的具体情况，如学生身心发展规律、个性特征、学习准备状况等。只有充分考虑到学生的具体需求、发展状况、认识基础，才能重新组织体育教材，开展恰当的教学设计，使讲授真正达到体育教学目的。

（2）讲授内容要有科学性、思想性和系统性。讲授既要使学生获得正确、可靠的知识，又要提高学生对体育的思想认识。体育教师在讲授过程中既要突出体育教学的重点、难点，又要全面、系统、循序渐进地教学。

（3）贯彻启发式，防止灌输式。讲授法运用不当容易造成"满堂灌"，抑制学生学习的积极性、主动性，从而影响体育教学效果。教师在讲授时要善于调动学生学习的积极性、主动性，启发学生的思维，并指导学生如何听讲。

（4）讲究语言艺术。体育教师语言要清晰、准确、简练、生动、通俗易懂、条理清楚并富有感染力。在体育教学中要求教师要"精讲多练"，语言力求规范，注意书面语和口语的恰当运用；教师讲授的速度、音量恰当，注意声调的抑、扬、顿、挫；教师还要结合体态语言配合讲授。在体育教学过程中，体育教师要善于提出启发性问题，促使学生积极思考。

（5）恰当地运用板书、板画。教师讲授时，要用板书、板画来辅助。板书要规范、整齐、条理清楚、重点突出，其形式可以多样化。

## （二）谈话法

### 1.谈话法的含义及方式

在体育教学中，谈话法已被广泛采用。体育教学中的谈话法，是通过体育教师和学生相互提问，围绕着问题进行谈话，让学生自己得出结论，获得知识的一种教学方法。

谈话法的特点是师生通过语言进行双向的交流，启发学生的思维，培养学生的思考能力和语言表达能力，也有唤起和保持学生的注意力和兴趣的作用等。教师从学生的回答中，还可以及时了解学生的情况，便于教师在面向全体学生教学的前提下，照顾到个别学生的特点，因材施教。谈话法可分为传授新知识的谈话法、复习巩固与检查知识的谈话法、指导性谈话法三种方式。

（1）传授新知识的谈话，也称启发式谈话法。由体育教师根据教学目的提出一系列前后连贯而富有启发性的问题，引导学生依据已有的知识和经验，或根据对眼前事物进行直接观察，经过积极思考做出正确的回答，从而获得新知识和技能的方法。

（2）复习巩固与检查知识的谈话，也称问答式谈话或再现声问答法。体育教师根据学生学过的内容提出问题，要求学生通过回忆进行回答，达到巩固、检查知识和技能的目的。

（3）指导性谈话。体育教师在体育教学活动开始或活动过程中对学生进行体育技术指导、提出要求的谈话。这有助于提高学生学习的积极性，帮助学生明确学习目的，及时纠正学习中出现的错误，使教学活动顺利进行。

### 2.运用谈话法的基本要求

（1）谈话前，充分准备，确保谈话的效率。体育教师事先应明确谈话目的，所要达到的要求，了解学生的知识、经验、运动技术水平、思想与心理，对谈话内容、事实材料、方法步骤等认真思考，准备好具体问题、提问的顺序，注意问题的明确性、针对性、指向性，设计好问题之间的衔接，问题与文章的关联性。谈话内容的广度、深度、表达方式要符合学生的年龄特点和知识结构，做到有的放矢。

（2）谈话时，善于提问，创造民主的谈话气氛。体育教师要利用学生已有的知识或运动经验，经过自己的分析或思考解决矛盾，得出结论。谈话过程中不要为备课设计的问题模式所束缚，要结合教学情景，调动学生主动思考学习，运用教学机制，适时启发学生。提问要明确，问题不应具有暗示性，应有适当的难度，形式多样，富有启发性和趣味性，以激发学生的内部矛盾，使学生"跳一跳摘桃子"。在面向集体谈话时，应向全体学生提出问题，并要鼓励学生提问、发表不同的意见，培养学生提问和回答问题的能力。提问还要照顾到学生的个别差异。

（3）谈话后，善于启发诱导，归纳总结。体育教师要注意引导学生根据问题之间的线索，进行比较、分析、综合、抽象概括，得出正确结论，使学生的知识系统化、科学化，并注意纠正一些不正确的认识，帮助他们准确掌握知识和形成运动技能，发挥体育教师的主导作用。

### （三）讨论法

#### 1.讨论法的含义

体育教学中的讨论法，是在体育教师指导下，学生围绕一个主题，相互交换看法，共同分析探讨问题或进行不同观点的争辩、论证，互相启发、互相学习、弄清问题、提高认识，从而获得体育知识或辅助运动技能学习的一种教学方法。讨论既可以分小组进行，也可以在全班、全年级等大的集体中进行；既可以在课内进行，也可以在课外进行。讨论和辩论的主要特点是学生思想之间的相互讨论、交流、辩论，是自我教育的一种形式，因此，需要学生具有一定的基础知识，独立思考能力和理解能力。讨论也是一种多向信息交流活动，学生在听取不同意见时可以进行比较，取长补短，共同提高，还可以培养学生的民主意识和合作精神。实践证明，讨论法可以提高教学质量和培养学生主动探索、独立思考的习惯。

#### 2.运用讨论法的基本要求

（1）讨论前做好准备。讨论前要考虑学生的知识经验，体育教师要根据教学目的设计适当的讨论话题，即讨论话题要有价值，且要能激发学生兴趣。例如：有争议性、探讨性或两难的问题，或者是解释性、应用性的问题。问题的难易程度要适当，对于一个较大的或复杂的问题，需要把问题化小，按层次序列化。体育教师提出讨论的要求后，学生去搜集和阅读材料，或者从事调查或实验，做好发言准备。如需要分组，也应在准备阶段进行，并选出组长主持各组的讨论和辩论。

（2）讨论过程中要围绕讨论中心发言，及时抓住争论中心深入展开。体育教师要引导和鼓励学生积极大胆发言，言之有理，论之有据。还要注意培养学生参与民主讨论的态度和行为方式，如耐心地听取他人意见、尊重他人的意见、求同存异的行为习惯、理智地坚持己见与尊重事实等；分组讨论时，体育教师既要深入一个组参与讨论，也要注意发挥主导作用；并应把握方向，随时纠正学生在讨论过程中出现的问题，使讨论能集中在论题上深入而准确地进行。当讨论思路中断或冷场时，教师应巧妙地过渡，使中断处继续衔接。同时，教师应表明中立态度，不要暗示讨论结果。

（3）讨论结束后及时总结。总结可由体育教师做，也可由参与的学生代表做。对讨论过程中的疑难问题或者有争论的问题，教师应阐明自己的看法，但要允许学生保留意见，不可强求学生接受。体育教师还可以提出需要进一步思考的问题使学生继续研究和探讨。

## 二、以直接感知为主的体育教学方法

以直接感知为主的体育教学方法，是指体育教师在教学过程中通过实物或教具进行演示，使学生从感官上直接感知客观事物，从而使学生增长知识和运动技能，获得身心全面发展的教学方法。这种方法具体真实，生动形象。它又具体分为演示法、参观法与动作示范法。

### （一）演示法

#### 1. 演示法的含义

体育教学中的演示法是指体育教师向学生展示实物、直观教具或进行示范，或者采用现代化视听手段等，使学生获取运动知识的教学方法。

演示法能使学生获得丰富的、典型的感性认识，把书本知识和体育实践联系起来，帮助学生更好地理解所学的知识和巩固运动技能，能引起学生学习的兴趣，集中学生的注意力，发展学生的观察能力和思维能力。这种教学方法在体育教学中被广泛运用，虽然对于某些动作示范有一定难度，但是对于运动表象记忆起重要作用的体育教学来说，是一种不可或缺的教学方法，它与讲授法、谈话法等教学方法的结合使用可以收到很好的教学效果。

#### 2. 运用演示法的基本要求

（1）演示前要明确演示目的。体育教师要做好准备，根据学生的实际情况确定演示目的，针对教学内容选择适当的演示手段，教学中要掌握演示时机。在需要演示时才出示演示物，演示完后要及时收起演示物，每堂课的演示物不宜过多。同时要向学生提出明确的要求，让学生知道他们要看什么、怎样看以及在看的过程中需要考虑什么问题，以便提高学生观察学习的效率。

（2）演示过程中要注意演示效果。演示时，要让全体学生都能感知演示的对象。因此，演示时首先要处理好演示物的位置、大小、色彩、音响效果、演示速度等。其次是要突出演示物应注意的部分，使学生的注意力集中在观察演示对象的主要特征和重要方面。最后是体育教师在演示时，应对演示对象加以必要的说明，告诉学生观察什么、注意什么，提出一系列问题，引导学生在感知过程中进行分析、综合，把直观与抽象、感知与理解结合起来。

（3）演示后要做好总结。演示结束后，体育教师还要进一步组织和引导学生通过问答、练习和讨论等多种方式，把感性认识上升为理性认识，把偶然观察到的结果与必然的规律联系起来，使演示真正起到获得感性知识、验证和理解知识的作用。

### （二）参观法

#### 1.参观法的含义及种类

体育教学中的参观法，是指体育教师组织学生到课堂或比赛现场等特定场所，观察、接触教学或比赛，从而获得新知识、巩固验证已学知识和运动技能的方法。参观法能有效地把体育教学与实际体育活动紧密联系起来，激发学生的求知欲，使学生学到许多活的知识，扩大视野，活跃思想。合理使用参观法还可以帮助我们把当地的课程资源充分利用起来。

根据参观目的的不同，我们把参观法分为准备性参观、并行性参观和总结性参观。准备性参观是指在学习某一运动项目之前，为了给学生学习新的运动项目积累必要的感性经验，激发学生学习新项目的兴趣等而进行的参观。并行性参观是指在学习某一运动项目的进程中，为了使理论与实践很好地结合起来而进行的参观。总结性参观是在学完某一运动项目之后，为帮助学生巩固和加深对已经学过的运动项目而进行的参观。

#### 2.运用参观法的基本要求

（1）参观前的准备工作。参观前体育教师应做好下列联系和准备工作：根据具体的体育教学内容制订明确的参观目的，事先了解参观地点和对象的情况，制订参观计划。在参观计划中应包括参观的具体要求、观察的对象、进行的步骤、跟学生谈话时提的主要问题、参观后整理材料的方式，以及其他注意事项等。出发前，教师要向学生说明参观的目的、要求，简单介绍参观对象的情况，向学生提出应注意的事项与应遵守的纪律，同时学生也要根据教师的要求做一些相应的准备工作。

（2）在参观过程中，体育教师要对学生进行具体的指导。教师要引导学生去看重点和难点，结合讲解提问，启发学生思考，加深学生的理解，使他们对此获得深刻的印象；要注意启发学生提出需要解决的问题，并给予解答；要使每一个学生都积极投入到参观活动中去；要指导学生搜集材料并认真做好笔记。在进行参观时，往往辅以报告、讲解和讨论等方法。

（3）参观后的总结。参观结束后，体育教师要检查参观计划的完成情况，要对参观的收获、体会以及学生的表现等做总结。还要指导学生整理搜集到的材料，制成书面文件或图表、模型。必要时，还可要求学生写参观报告或心得，使学生获得深刻巩固的认识。

### （三）动作示范法

#### 1. 动作示范法的含义

体育教学中的动作示范法是指体育教师通过具体动作范例，使学生直接感知所要学习的动作的结构、顺序和要领的一种教学方法。由于体育教学是教师向学生教授动作技术，提高学生身体素质的过程，所以示范法是体育教学的重要方法之一。轻快优美的动作示范不仅能使学生直观地建立正确的动作概念，而且也能引起学生学习的兴趣，调动学生学习的积极性，增强学生学习的自信心。

#### 2. 动作示范的"示范面"

由于运动动作的多样性，因此动作示范更要注意"示范面"的问题。示范面是指学生观察示范的视角，也包括示范的速度和距离等要素。示范面有正面、背面、侧面和镜面。

（1）正面示范：是指教师与学生相对站立所进行的示范。正面示范有利于展示教师正面动作的要领。如球类运动的持球动作多用正面示范。

（2）背面示范：是指教师背向学生站立所进行的示范。背面示范有利于展示教师背面动作或左右移动的动作，以及动作的方向、路线变化较为复杂的动作，以利于教师的领做和学生的模仿。如武术的套路教学就常采用背面示范。

（3）侧面示范：是指教师侧向学生站立所进行的示范。侧面示范有利于展示动作的侧面和按前后方向完成的动作。如跑步中的摆臂动作和腿的后蹬动作。

（4）镜面示范：是指教师面向学生站立进行的与同学同方向动作的示范。镜面示范的特点是学生和教师的动作两相对应，适用于简单动作的教学，便于教师领做，学生模仿。

### 3.运用示范法的基本要求

（1）示范的目的要明确。教师在备课时，要根据课程任务、教材特点、学生情况来安排什么时间示范、示范多少次、重点示范什么。在教新的内容时，为了使学生建立完整的动作概念，一般可先做一次完整动作的示范，然后根据教材情况做重点示范。动作的关键环节还应尽量放慢示范的速度，边示范边讲解。在进行复习教材时，则应根据学生对教材掌握的具体情况，做有针对性的示范。对低年级学生，由于他们的抽象思维能力差，模仿能力强，应多示范，少讲解；对高年级学生，由于他们的认识已由具体形象思维过渡到抽象思维，可适当减少示范的比重，加强对动作的技术分析。为了达到示范的目的，要向学生明确地讲清楚看什么、怎样看，使学生边看边想。必要时，还可以用正误对比的方法进行示范，加深学生对动作的理解，防止出现错误动作。

（2）示范要正确，力争首次示范成功。学生掌握动作的过程，从生理学角度讲，其本质都是条件反射的建立与巩固的过程，是条件刺激物和无条件刺激物相结合的结果。如果教师的动作示范不正确，就会使学生对动作概念理解不清楚，出现错误动作，错误动作经过多次重复，就会形成错误的动作定型。所以教师必须认真地做好每一次示范，力争做到正确、熟练、轻快、优美。由于学生对新事物感兴趣，在教师第一次示范时，他们的注意力特别集中，留下的印象也最深刻，所以教师应特别注意做好第一次示范。

（3）注意示范的位置和方向。示范的位置和方向如何，会影响示范的效果。示范位置的选择要根据学生的队形、动作结构的特点和安全要求而定。一般示范者要站在学生的正面，与学生视线平行，使全部学生都能看清楚。示范的方向，应根据动作的结构、要求学生观察的动作环节和要素而定。示范位置与方向的选择，还应考虑到阳光、风向、周围环境等情况，不要使学生面向阳光或迎风，尽量避开喧闹和有特殊物的方向，以便集中学生的注意力。

（4）示范与讲解相结合，与学生练习相结合。示范与讲解相结合，能使学生的直观和思维结合起来，收到更好的效果。教师领着学生练习，把教师的示范与学生的练习结合起来，使学生把看到的立即与肌肉活动联系起来，提高学生掌握动作的速度。

### 三、以身体练习为主的体育教学方法

以身体练习为主的体育教学方法，是那些通过身体练习和技能学习使学生掌握和巩固运动技能、技巧，进行身体锻炼的教学方法。如果说前两种教学方法是促使学生知识内化的过程，这一类教学方法则是将学生的知识技能外化运用的过程。这两种过程是相辅相成、相互促进的，仅仅领会一定的知识、技能而不善于运用，在实际情景中也是无用的。在体育教学实践中，常用的以身体练习为主的体育教学方法有完整练习法、分解练习法。

#### （一）完整练习法

**1. 完整练习法的含义**

体育教学中的完整练习法是从动作开始到结束，不分部分和段落，完整、连续地进行教学和练习的方法。它适用于"会"和"不会"之间或运动技术难度不高而没有必要进行或不可分解的运动项目。完整法的优点是一般不会破坏动作结构，不会割裂动作与动作之间的内在联系，便于学生完整地掌握动作技术；缺点是不易使学生较快地掌握动作技术中比较关键和较难的要素和环节。

**2. 运用完整练习法的基本要求**

（1）在进行动作简单、学生容易掌握的教学内容时，教师在进行讲解、示范之后，就可以立即组织学生练习，在练习中教师发现错误，应及时指导纠正，帮助学生对动作进行完整认识。

（2）在进行动作复杂的教学内容时，可以着重突破教材的重点。先教技术基础，然后再去教技术细节。例如教原地推铅球时，可先教学生掌握蹬地、转体和推手这三个基本环节，再要求学生蹬地有力，最后用力快速推手。对动作要素的处理，一般是先解决关系到动作成败的方向、路线等要素，再对动作的幅度节奏等要素提出要求。

（3）对有一定难度的教材使用完整法教学时，可先简化动作的要求，通过

辅助器材的使用和利用教师的各种帮助降低动作难度，再按照教材技术规格的要求进行教学。例如：在教支撑跳跃时，可以先降低器材的高度；投掷项目，可以先减轻器械的重量等。在教技术复杂、难度高的项目时，还可以先原地或慢速做些模仿性练习，让学生体会动作的要求，然后再按动作技术规格进行练习。如进行有空中动作的教学时，可先让学生在垫子上体会在空中一刹那身体的姿势，然后再完整地练习。

### （二）分解练习法

#### 1.分解练习法的含义

体育教学中的分解练习法是指将完整的动作分成几部分，逐段进行教学的方法。分解法多用于那些动作复杂、动作较多，或者用整体法教学而学生不易掌握的教材，如跨栏跑、体操中的成套练习、武术等。这种体育教学方法的优点是把动作技术的难度相对降低，以便学生掌握教学重点和难点，还有利于提高学生学习的信心。其缺点是不利于学生对完整动作的领会，有可能形成对局部和分解动作的单独掌握，甚至可能影响完整地掌握动作。

#### 2.分解练习法的基本要求

（1）分解动作时要考虑到各部分之间的有机联系，划分开的段落应易于连接完成并不破坏动作本身的结构。例如教跳远时，一般都把助跑和起跳两个环节连在一起进行。

（2）在进行分解后的各个部分的教学时，教师要向学生讲清楚每个部分、段落在完整教材当中的位置，让学生明确该部分与上、下部分，特别是与下部分的关系。分解动作的练习时间不宜过长，只要基本掌握即可与其他段落或部分连接起来进行练习。

（3）分解法要与完整法结合运用，最后达到掌握完整教学内容的目的。分解法是达到掌握完整教学内容的手段，使用的时间不宜过长，以免影响学生对完整内容的掌握；一般在学生对重点部分基本掌握时，就应该立即转入完整法教学，不应进行分解的错误范例与分析。

总之，在体育教学实践中采用完整法和分解法教学，是指在教学的某段时间里采用哪种方法为主，在使用分解法为主的教学过程中，会出现从分到合的过程；

在使用完整法为主的教学过程中，会出现有选择地把动作中的某些细节分开加以掌握的教学过程。所以在使用完整法与分解法教学时，两者往往是交叉进行的。

# 第四节　现代教育技术在体育教学中的应用

现代教育技术是教育现代化的有效手段。随着科学技术的迅猛发展，现代教育技术的应用已经渗透到教学的各个领域，传统的教学方法面临着前所未有的挑战。利用计算机多媒体这种现代教育技术，多渠道、全方位地向学生传授知识、技能，已是当前教学改革面临的新课题。体育教育作为素质教育的重要组成部分，充分利用多媒体技术进行教学，对于促进和深化体育教学改革、改变传统的教学方法、建立新的教学观念、提高教育质量有积极的促进作用。

## 一、现代教育技术的概念

教育技术源于英文 Technology of Education 一词，它是教育学科群中的一门新兴分支学科。现代教育技术与一般意义的教育技术相比并没有本质的区别，突出"现代"二字是为了让我们更多地注意探索那些与现代科学技术有关的课题，吸收现代科技成果和系统思维方法，使教育技术更具有时代的特色。华南师范大学李克东教授认为：现代教育技术是指在先进的教育思想和理论的指导下，充分利用现代信息技术，通过对教与学过程和教与学资源的设计、开发、利用、评价和管理，以实现教学优化的理论和实践。本书把现代教育技术定义为：现代教育技术就是运用现代教育理论，通过对教与学的过程和教与学资源的设计、开发、利用、管理和评价，以实现教学优化的理论与实践。

## 二、现代教育技术在体育教学中的作用

### (一)有助于激发学生的学习兴趣

利用现代体育教学，促进学生各方面能力的提高，激发学生的学习兴趣，是搞好现代体育教学的一个重要因素。现代教育技术的教学方法、手段生动活泼、新颖多样，克服了过去教师边示范、边讲解的传统体育教学模式，能够激发学生

学习的兴趣，调动学生学习的积极性。

### （二）有助于学生建立正确的动作概念

体育教材有田径、体操、韵律体操与舞蹈、足球、篮球、排球、游泳等项目，内容繁多，新内容、新规则、新教材层出不穷，不断向体育教师提出新课题、新要求。教师讲解是使学生掌握技术动作的首要环节，而观看教师的示范动作是学生感知技术动作的主要过程。实验证实：人类获取信息的83%来自视觉，也就是说，观察是学生获取信息的主要来源。但是，在传统的体育教学中，学生很难通过视觉来感知教师的示范动作，建立正确的动作概念。这是由体育运动的特点决定的，很多技术动作的完成是在高速奔跑，迅速跳跃的过程中瞬间产生的，尤其是带有腾空翻转的技术动作。学生很难把这些瞬间完成的动作看清楚，也就很难建立一个正确的动作概念。例如，背越式跳高的过杆动作，必须在快速有力的助跑与起跳下，在空中瞬间完成过杆动作。教师不可能用较慢的速度示范清楚"空中过杆"这一技术环节，这就是传统体育教学无法解决的问题，而多媒体技术使这一问题迎刃而解。利用多媒体技术可全面、完整、清楚地展现出每一瞬间动作、技术环节，更快、更全面地建立正确的动作概念。

### （三）有助于教师结合动作边讲解、边示范，突出技术动作的重点和难点

大家都知道，一些难度较高的体育教学，在一瞬间就要完成一连串复杂的技术动作。例如，田径跳跃项目的空中动作，体操支撑跳跃的连续动作，单杠的回环动作等。学生很难把这些瞬间完成的动作看清楚，也就很难快速建立一个完整的动作表象，教师过多的重复示范、讲解还容易让学生产生错误的认识。利用现代教育技术，通过计算机制作的多媒体课件把教师自己很难示范清楚的技术环节，采用慢动作、慢镜、重放等教学手段讲解、示范、表现出来，这样就能够帮助学生看清楚每一瞬间动作的技术细节，更快、更全面地建立起动作表象，突出了对重点和难点动作的掌握，提高了教学效果，缩短了教学过程。

### （四）有助于教师采用正误对比的方法，及时纠正学生的错误动作

为了减少和避免学生在练习中产生错误，最好能在示范正确动作的同时指出易犯错误和产生的原因。采用现代教育技术，可以在一个课件制作上既放正确动作，又放错误动作，让学生边看边想，自我比较，从而能够避免许多常见错误动作的发生。这样既使学生快速掌握了动作，又培养了学生的观察能力和分析能力。

### 三、现代教育技术在体育教学中的运用

#### （一）作为教学的基本手段

现代化教育技术有着明显的优势，运用于体育教学中具有特殊的意义。现代化教育技术作为体育教学基本的教学手段，与传统的体育教学相比，增加了由教师直接控制的多种现代教学媒体，并可通过多种多样的现代教学形式每天向学生传送生动、形象的教学信息。因此，它既保留有传统体育教学的优势，又能及时、迅速地接收学生的反馈信息，以便调整教学内容、教学方法和教学进度。

#### （二）收集处理教学素材

体育教学和其他学科的教学在方法上有很大的区别，主要是采用直观教学。要运用好现代化教育技术，教师需要运用信息技术收集大量的影音资料，制作成精细课件。在教学实践中，许多教师的课件由于素材的量小或是素材只是简单地堆放，没有形成规范的教学素材，导致在教学过程中整个课程显得淡而无味，学生只是走马观花地对课程内容进行学习。目前有很多公司开发出了较为完备的资源库，其内容包括文本、图片视频、音频及动画。教师只有熟练地运用开发平台，才能够真正做到为我所用，大大缩短制作时间，真正做到合理、有效地运用现代教育技术。

#### （三）运用于高难度技术动作的讲解

在体育教学中常常会出现高难度技术动作，由于动作技术难度大，示范技术清晰度不够，不容易仔细观察动作细节，给技术的掌握带来了困难，运用现代教育技术可以使这些问题得到有效的解决。田径教学中撑竿跳高技术动作的讲解，年龄较大的教师在对学生示范的时候，可以选择利用现代教育技术，选择优秀运动员的撑竿技术，制作成课件，让学生更加直观地了解技术动作的各个环节，分解学习技术动作。利用这种方式，学生学习积极性增加，练习时间更加充分，优化了教学过程，教学效果比较明显。

#### （四）树立新的教学理念，合理运用网络课堂

教育的最终目标是要培养学生能够创新思维。教师不能做学生的"保姆"，而是要引导学生自主学习，自觉学习，利用网络共享资源，培养学生的创新思维。随着现代教育技术进入学校，进入课堂，教师要运用好网络课堂教学，引导学生了解教学目标、重点难点，指导学生利用课件自主学习，通过直接阅读电子教材，

解读课本内容，还可以点击教材内相关链接进行学习。教师建立体育课讨论专区，指导学生进入讨论专区，进行作业的指导和疑难问题的解答。

### （五）新旧教学方法的有机结合

虽然现代教育技术有很多优势，但体育教学还是应该和传统的教学方法有机地结合起来。要利用区别对待原则，针对不同的学生群体，采用不同的教学方法和手段，不能搞"一刀切"。理论课的学习我们可以大量地采用现代教育技术，这样可以增加学生的知识面，加深知识的深度；在进行技术课教学时，可以利用现代教育技术把技术动作有机地分解，进行直观教学和语言教学相结合，提高学习技术的效率；针对简单技术动作，基本理论的教学还是要适度地采用传统教学方法，进行体育课教学。只有新旧教学方法的有机统一、合理运用，才能更好地完成体育课的教学任务。

## 四、现代教育技术在体育教学中运用存在的问题分析

### （一）多媒体教学课件支持不足

体育运用多媒体教学需要有足够的课件支持。由于缺少制作多媒体课件的专业人士，加上对开发多媒体体育教学课件人员的水平要求较高，制作者除具备一定的编程能力外，还需要有较高的体育理论水平，因此，仅靠自己制作，短期内难以满足教学需要，最终影响了多媒体在体育教学中的开展和普及。

### （二）传统体育观念的影响存在

某些教师的体育教学观念依然停留在一味的身体练习和单调的课堂理论上，不重视利用多媒体技术进行教学或对多媒体技术知之甚少。当然，身体练习仍然是体育教学中必不可少的重要内容，然而通过多媒体辅助教学往往比教师示范讲解更直观、更生动、更易被学生接受。因此，多媒体技术一方面提高了学生兴趣，使学生易学易懂，印象深刻；另一方面也促进了学生运用科学方法主动从事身体练习。

### （三）教师工作量过重，制作课件的时间不足

制作课件是一件十分辛苦的工作，既要付出大量的时间、精力，同时还要有经济上的付出。目前，教师教学工作量过重，缺少制作课件所需要的时间，部分

教师感到力不从心，很难做到尽善尽美。

### （四）教师的现代教育理论有待提高

多媒体教学水平的高低、应用价值的大小，取决于设计，还取决于现代教育理论修养和综合素质。而大部分体育教师在制作课件时恰恰忽略了这一点，运用方式上教条呆板。真正的体育多媒体课件，应根据叙述内容的性质、特点进行构思设计，以叙述思路为主线，配以声音、文字、图像等多种媒体技术加以说明和展示。

总之，要提高体育教学质量，必须改革传统的教学模式，在实践中充分利用体育教育自身的优势，转化限制条件为有利条件，拓宽思路，大胆突破，既尊重传统，也不要被传统所拘束。既学习国内外先进的教学方法，也要创造适合本校实际的方法，使每节课都做到教法新颖，措施有力，并充分利用现代教育技术手段，不断提高教学质量。

# 第五节　体育教学方法研究的发展趋势

改革开放以来，体育教学方法理论与实践的研究已成为高等教育研究的一个重要领域。在积极引进国外的体育教学理论与方法的同时，国内的专家、学者、教师也从不同的角度、不同的侧面出发，进行了各种规模、多种多样的教学方法的改革与实验研究，不断涌现出许许多多的新的教学方法。从对现代教学方法特点的分析研究中，可以看到当代体育教学方法研究与发展的整体趋势主要表现在以下方面：

## （一）现代化教学技术手段的广泛应用

体育教学方法内涵更加丰富，信息传导的途径和方式不断增加，传播媒介和手段不断丰富。现代化的仪器设备已进入体育教学领域，除电声设备外，电子计算机等信息技术越来越广泛地应用于教学领域，体育教学方法将发生重大变革。现代教育技术，可以利用电子计算机进行刺激反应的程序教学。电子计算机应用于体育教学，既是一种教学手段，又是一种特殊的教学方法。例如，电子计算机辅助教学，计算机被用于展示某一教学计划给学生，通过学生与计算机之间的交互作用，完成各种体育教学功能；计算机开发教学，用计算机作为课堂演示教具，利用屏幕上的活动彩色图像，生动形象地演示给学生，成为一种逼真的特殊的直观教具等。此外，还可以利用电视摄影技术进行微机教学、自我训练式的教学；利用计算机与电视系统、激光视盘，进行相互作用的教学。现代化教学技术手段的采用，使得体育教学方法日益科学化和现代化。

## （二）重视体育教学方法的理论研究

在体育教学方法领域加强理论研究，表现在重视运用现代科学方法论和心理学研究成果，指导教学方法的理论研究和教学方法的改革，并付之于大量、长期的实验中去加以验证。近年来，由于系统论、信息论、控制论的出现，带来了体育教学领域的巨大变化。体育教学方法的理论研究日益受到重视，不再停留在经验的描述和简单的概括，而是建立在科学的基础上。改革开放以来，体育教学方法借鉴了最新的科学方法，如系统论、信息论、控制论、全息论、协同论以及心理学研究的成果，指导教学方法的改革，使教学方法的理论研究焕然一新。例如，从系统论的角度把体育教学方法看作一个完整的有机的系统，从整体结构与功能给予研究；从控制论的角度去研究体育教学方法对教学过程的各种控制作用及其规律；利用反馈信息调节和掌握体育教学方法的效果与目的的差距，改进教学方法，学生从学的方面利用反馈信息进行自我评价和判断，实现自我调节，改进学习方法，取得最佳学习效果。

### （三）在体育教学中重视非智力因素的作用

体育教学方法更强调将感知、思维与实践这三个环节紧密地结合在一起，通过生动感观、认真思考、积极运动来有效地达成体育教学目标。近年来，学校体育工作者对非智力因素进行了深入的研究和探讨，认为人的意志力、兴趣、情感、性格等非智力因素，对促进学生的能力和智力发展具有重大作用。广义上说，非智力因素是有利于人们进行各种各样活动的智力因素以外的全部心理因素的总称。狭义上说，非智力因素是由五种因素组成，即：兴趣、动机、情感、意志、性格。以狭义的非智力因素看，它在学生学习过程中的作用是显而易见的。作为一个整体，非智力因素的功能是多方面的，归纳起来，它具有动力、定向、引导、维持、调解、强化等一系列密切联系的作用。在教学中，非智力因素能转化为学生的学习动机，成为推动他们进行各种学习活动的内部动力，而且其内部驱力较大，维持时间也较长。因而现代体育教学法很注意研究和发挥非智力因素的作用，强调激发、利用和发展学生的情感，认为学生的情感和情绪影响着学习的效果和质量。重视和培养学生的非智力因素，是体育教学方法发展的一个重要方面。

### （四）强调体育教学实验活动

改革开放以来，广大学校体育工作者在体育教学领域进行了多种多样的教学实验活动，不同目标、不同层次、不同方式的体育教学改革实验活动遍布全国。体育教学实验研究的蓬勃发展，对现代教学理论和教学方法体系的研究提供了重要基地，发挥了不可替代的重要作用。教学实验是建立和发展现代体育教学理论和教学方法理论的重要源泉，是检验其理论科学性的重要手段。教学实验可以验证人们提出的教学理论、教学方法的科学性与先进性，并可根据实验的真实结果，改进和提高相应的教学理论和教学方法。它可以为发现和构建新的体育教学方法提供必要的基础和实践依据，可以对引进和借鉴的教学理论和教学方法进行检验、改造与发展，最后形成适合本国或本地域特点的教学理论和教学方法。新构建的教学理论与方法体系的推广必须通过教学实验的实践检验过程，一方面寻求将这些理论或方法具体化并付诸教学实施的操作程序，另一方面实验的结果又将进一步检验、充实、完善这些理论和方法的科学性、先进性、可操作性。

# 第五章　体育教学模式与过程

## 第一节　体育教学模式概述

教学模式是按照一定原理设计的一种具有相应结构和功能的教学活动模型。它是教学过程的具体化和实际化，又是教学形式和教学方法的综合形式。教学模式综合考虑了从理论构想到应用技术的一整套策略和方法，是设计、组织和调控教学活动的方法论体系。随着教学目标、教学内容和教学方法等方面的突破和更新，教学模式在前人成果的基础上必将会有新的发展。

### 一、体育教学模式的概念和结构

#### （一）体育教学模式的概念

#### 1.教学模式

近年来，国内外学者对教学模式各持己见，提出了许多好的观点和看法。归纳起来，主要有以下几种：

第一种是认为"教学模式是构成课程、选择教材，指导在教室和其他环境中的教学活动的计划或范型"。

第二种是认为"教学模式是在一定教学思想或理论指导下建立起来的各种类型教学活动的基本结构或框架"。

第三种是认为"教学模式是一定教学思想指导下建立起来的完成所提出教学任务的比较稳定的教学程序及其实施方法的策略体系"。

第四种是认为"教学模式是指在教学规律和一定的教学思想指导下进行教学的策略体系或方法论体系"。这种观点把教学模式看作具体可操作的工具，揭示了教学模式的实践性特征。

## 2.体育教学模式

在体育教学领域对体育教学模式概念的研究也是众说纷纭，综合起来主要有以下观点：

方建新、俞小珍认为："体育教学模式是在一定的体育教学思想指导下，具有一定典型意义而相对稳定的课堂教学结构。它是人们可遵循的标准样式、标准结构。"

《体育教学模式论》一书认为："体育教学模式是体现某种教学思想的教学程序。它包括相对稳定的教学过程结构和相应的教学方法体系，主要体现在教学单元和教学课的设计和实施上。"

《体育教学论》一书认为："体育教学模式是指在一定的教学思想或理论指导下，设计和组织体育教学而在实践中建立起来的各种类型体育教学活动的范型。它以简化的形式稳定地表现出来。"

赵立、杨铁黎认为："体育教学模式是体现某种教学思想或规律的体育教学活动的策略和方式。它包括相对稳定的教学群体和教材、相对独特的教学过程和相应的教学方法体系等。"

综上所述，我们把体育教学模式的概念定义如下：体育教学模式是蕴含特定体育教学思想，针对特定体育教学目标，在特定教学环境下实现其特定功能的有效教学活动结构和框架。它是以简化形式表达的体育教学思想理论和教学组织策略，是联系体育教学理论与体育教学实践的纽带。

### （二）体育教学模式的结构

体育教学是一个可控的开放系统，在这个系统中包含了教学思想、教师和学生、课程教材、教法学法、场地器材及结构程序等诸多要素。体育教学模式的研究就是对体育教学活动中各要素之间组合的整体设计。系统科学整体优化原理认为：任何系统只有通过要素和结构的优化，才能实现其整体功能的优化。根据系统科学的原理和体育教学模式的概念特征，体育教学模式主要包括五个方面，分别是教学思想、教学目标、操作程序、实现条件、评价。

### 1.教学思想

教学思想是教学模式赖以建立的理性感思想，是支撑教学模式这座大厦的基石。体育教学模式的构建也必须有一定的理论思想的指导，在不同的教学理论下会形成不同的教学模式。如快乐体育教学是针对学生对体育厌学的状况提出来的，为适应终身体育思想而发展起来的。

### 2. 教学目标

教学模式是为了实现一定的教学目标而创立的，如果没有目标，其存在就没有任何价值。模式所能达到的教学效果是体育教师对某项教学活动在学生身上将产生的效果所做出的预先估计。教学目标是教学主题思想的进一步具体化，在体育教学模式中处于核心地位，对其他四个因素具有一定的制约作用。如体育技能教学模式的目标是以促进学生掌握体育技能的有效方式为手段，以体育教学大纲规定的技能评定项目为主要学习内容，以运动技能形成的规律为主要依据，以学生学习体育技术知识、提高体育技能为主要目标的教学模式。

### 3. 操作程序

操作程序即教学环节或步骤。在体育教学中主要是指在时间上展开的逻辑步骤以及每个步骤的主要做法等。任何体育教学模式都具有一套独特的操作程序，操作程序只能是基本的和相对稳定的，而不是僵化的和一成不变的。

### 4. 实现条件

实现条件即体育教学模式中的手段和策略，它是对操作程序的补充说明，为教师正确选择和运用合适的教学策略和方法提供合理、必要的建议。其主要内容包括人力条件、物力条件和动力条件，如学校的基础设施、教师和学生、教学内容、教学的时间和空间等诸多因素。

### 5. 评价

不同的教学模式完成的教学目标、使用的程序和条件不同，因而其使用的评价方法和评价标准也就不同。如果用统一的评价标准，那是不科学的，任何教学模式都要有自己的评价标准和方法。如群体合作教学模式评价因素不同于标准化的评价，它的评价标准是采用计算个人和小组合计总分的评价方式。

教学思想、教学目标、操作程序、实现条件、评价五个要素有机结合，相互作用，共同构成完整的教学模式。如果任何一个要素发生变化，就会形成不同的教学模式，因而在体育教学实践中要具体问题具体分析，选用合适的教学模式，以保证教学的成功。值得注意的是，教学模式不能模式化，不能盲目借鉴别人的经验，应在实践中不断加以改进和创新。

## 二、体育教学模式的特点和功能

### （一）体育教学模式的特点

随着体育教学理论研究和教学实践的深入开展，出现了各种各样的体育教学模式：着眼点和侧重点不同，如有的着眼于师生关系，有的着眼于教学目标，有的着眼于教学手段和方法；适用范围与条件的不同，如有的适用范围较广，有的则只适用于较特殊的教学情景。尽管体育教学模式的种类繁多，但它们都具有以下五个基本特征：

#### 1.整体性

体育教学模式不仅是一种或几种教学方法的简单组合，而且体现了教学思想、教学目标相互联系的教学过程的结构。因此，体育教学模式具有整体性特征。

#### 2.简明性

教学模式是简化了的教学结构理论模型，一般用精练的语言、象征的图像、明确的符号表达出来，被称为"小型的教学理论"。在体育教学中，采用适当的教学模式既能使那些凌乱纷繁的实际经验理论化，又能在人的头脑中形成一个比抽象理论更为具体的、简明的框架。

#### 3.操作性

教学模式区别于一般教学理论的重要特点，即它的可操作性。教学模式不是空洞的理论，而是便于把握和运用的具体程序。这是因为体育教学模式一方面总是从某种特定的角度和侧面来揭示教学规律，比较接近教学实际而被人们理解和操作；另一方面，它的产生是为了便于把握和运用。教学模式在理论与实践之间搭了一座桥，充分发挥其"中介"作用。

#### 4.稳定性

体育教学模式的确立，实际上标志着新型的体育教学过程结构的确立。既然是结构，就必然有相当的稳定性。所谓"教学模式"，就是指无论在什么时候运用这种教学，其基本的程序和主要的环节都不应有大的变化。如果某种教学模式在不同人和不同时间运用时都需要产生大的变化，就说明这个教学模式还没有真正建立起来。只有教学模式具有稳定性，才能对它指导体育教学实践的可行性提供保证。

### 5. 开放性

一种教学模式形成以后并不是就一成不变了，而是要在实际的操作过程中不断加以修正、补充、完善，使其针对性和应用性更强，因而体育教学模式具有开放性的特点，这也表明体育教学模式不能教条化、模式化，要与时俱进。

### (二)体育教学模式的功能

#### 1. 中介功能

体育教学模式的"中介"功能是指它既是一定的体育教学指导思想、体育教学相关理论的具体体现，又能为体育教师提供具体的操作程序和操作策略，以便更有方向地开展实践活动。教学模式是教学理论研究和教学实践之间的一座桥梁。教学理论具有抽象性和普遍性，它要发挥指导教学实践的作用，必须进行适当的转化，其有效途径之一就是转化为一定的教学模式。

#### 2. 调节与反馈功能

在具体的操作过程中，某种具体的教学模式并没有达到教学目标，则应对操作过程中的各环节、各因素进行具体的分析，找出其中的利弊，分析原因，从而为下一阶段的教学程序设计与实践操作打好基础。这就是体育教学模式的调节与反馈功能。

## 三、体育教学模式和其他教学因素之间的关系

### (一)与教学指导思想的关系

体育教学模式与体育教学指导思想不是等同的关系，而是一种指导与被指导、反映与被反映的关系。一般来说，一种体育教学指导思想就会有一种相对应的体育教学模式，但有时也会出现一种体育教学指导思想对应几个体育教学模式，一个教学模式反映几种教学思想的现象。

### (二)与教学目标的关系

体育教学目标是制定体育教学模式的基础，体育教学模式则是根据不同的体

育教学标准来研制和开发的。任何教学模式都会有实现特定的教学目标的功能。但是，提出了特定的教学目标却丝毫不意味着形成了体育教学模式。特定的教学模式以其特殊的功能，与其特定的教学目标相对应，但是特定的目标并不能固定教学过程和教学方法，其也可以通过多种模式来完成。

### （三）与教学组织的关系

体育教学组织形式简称教学形式，是教学活动的一定结构方式。按组织结构划分，有合班的、全班的、小组的和个别的四种形式。广义地讲，体育教学模式也是一种教学组织方法，但体育教学模式与课堂教学组织有很大区别：课堂教学组织是指体育课的组织，包括课堂常规、分组教学、组织形式等，是一种在体育课中几乎可以通用的教法组织；而体育教学模式则是对应某种体育教学思想的，是对单元和课的结构进行整体改造的方略，它具有独特的构造和功能，能为任何教学单元听课所解。现在有的学者把一节课的组织方法的改善也称为是新的体育教学模式，这种说法是不准确的。

### （四）与教学方法的关系

从概念上看，两者是有明显区别的。体育教学方法是"实现体育教学目标的途径"。而体育教学模式的概念是指："蕴含特定体育教学思想，针对特定体育教学目标，在特定教学环境下实现其特定功能的有效教学活动结构和框架。"俗话说：教无定法。这说明教学方法具有可变性、不稳定性。如一种教学内容可能有好几种教学方法，一种教学方法可能对一部分学生有实效，另一部分学生可能对另外一种教学方法更为适应，学习效果会更好。不同教学模式的成立必定依赖于一系列相应教学方法的开发和重组。但是教学模式具有一定的稳定性，一个教学模式一旦形成，被教师与学生所认同，它就会被长期地应用到教学中去，教师会按照这个教学模式去教，学生会按这个教学模式去学。运用稳定的教学模式和灵活的教学方法，使得教学有章可循。

### （五）与教学风格的关系

教学风格不等于教学模式。一般来说，所谓教学艺术风格，就是教师在一定的理论指导下和长期的教学实践中逐步养成的独具个性的教学思想、教学技能技巧、教学风度的稳定性表现。教学风格是个体的概念，如"XXX老师的教学风格"，而教学模式则是一个群体概念，如"反映某种教学思想的教学模式"等；教学风格中有相当一部分是与个人的性格、修养等相联系的，是别人很难学到甚至是学不了的东西，而教学模式则是教法和教程的改造，如教材的处理方法、教程的设计原理等，一般只要具备基本的教学能力，教师是都可以学习和运用的。另外，运用同一种教学模式可以有不同的教学风格，同一教学风格的教师也可以使用不同的教学模式。

# 第二节　体育教学模式应用及发展

## 一、常见的几种体育教学模式简介

### (一)传统运动技能教学模式

这种教学模式是在我国体育教学模式中长期居于主导地位的一种传统体育教育模式。运动技能类教学主要沿袭了苏联教育家凯洛夫的教育思想和教学模式，遵循学生认识事物的规律，运动技能形成的规律，将教学过程细分为感知、理解、巩固、应用等几个阶段。该教学模式十分重视教师的主导作用，以教师为中心，为主导。

#### 1.指导思想

该教学模式的主要目标是通过运动技术的学习，达到掌握运动技能的目的。运动技术是指"能充分发挥人体机能能力，合理有效地完成动作的方法"。对于各项运动项目而言，青少年学生对它既感到新鲜，又觉得困难，因为它只是在电视或比赛中见过，从未在日常生活中体验过的。因此作为体育教育者，首先应弄清动作技术的特征及其规律，才能有效地实施教法。学习运动技术，掌握运动技能，是该教学模式的指导思想，它的主要理念是通过运动技术的分段学习和细化学习，使学生初步学习运动技能，并使运动技能的掌握达到自动化的程度。故运动项目的技术结构、过程及其规律便成了该教学模式的理论依据。

#### 2.适用条件

运动技术比较复杂，学生人数较少，教学时多数的学生有一定的运动技能基础，适宜于初中以上学生使用。

### (二)发现式教学模式

发现式教学模式是指在教师的启发诱导下，学生通过对一些事实和问题的独立探究，积极思考，发现并掌握相应的原理和结论的一种教学模式。

### 1. 指导思想

该教学模式的指导思想主要遵循在体育教学中学生认知的规律来考虑，教学过程体现以学生为主体、为中心的思想。它能够开发学生的智力，调动学生思维的主动性、积极性，增加学生学习的趣味性，提高学生学习的效率。

### 2. 适用条件

（1）具有一定理解能力的初中以上的学生，已经掌握一定的科学知识与原理，如物理学中的力学知识、运动学知识，数学中的各个变量之间的关系原理等，并应具备一定的运动能力与经验。

（2）教学学时要充足，最好是大单元教学学时或选项课教学学时。

（3）体育教师应具有较高的教学水平与经验，善于运用灵活的教学方法、教学组织形式等来设置问题情景，并有效解决教学问题。

### （三）小群体教学模式

规模较小的群体叫小群体。小群体是个人最直接、最重要的活动环境，对个人的心理意识、理想的形成、情感的获取都起决定作用，其基本特征是成员接触的直接性互动。因此，体育教学中的小群体教学模式也称小集团教学模式，是把学生分成若干个学习小组，在教师的指导下，同组学生与学生之间、小集团与小集团之间通过互动、互助、互争，增强学生学习的主动性，从而提高教学效率的一种教学模式。

### 1. 指导思想

体育教学中的小群体教学模式，其基本思想是试图通过体育教学中的集体因素和学生间交流的社会性作用，以促进学生交往和提高学生社会性为目的，主要依据体育学习集体发展和发挥教育作用的规律而设计的。小群体教学模式强调组内学生团结一致的精神，提高组内的竞争力；通过学生的互帮互助、合理公平的竞争，发展学生的社会适应能力，提高学生的心理健康水平。

### 2. 操作程序

小群体体育教学模式的简单教学程序为：教师提出要求—小集团组成—小集

团学习—集团间活动—集团解散。

### 3.适用条件

（1）学生人数适当，方便分组。

（2）教学条件比较好，教学器材充分，能满足教学分组需要。

（3）某个年级或某班级学生的合作能力与社会适应能力较差，需要在这些方面得到发展。

### （四）成功体育教学模式

随着对传统教学的反思和对体育教学科学化的追求，引发了自 20 世纪 80 年代以来的体育教学改革大潮，出现了快乐体育、成功体育等新型教学模式。成功体育是在"成功教育"的思想启迪下产生的一种体育教学思想。成功体育从广义上说，就是体育教育要为成功培养 21 世纪的建设人才服务；从狭义上讲，就是体育教育中合理运用一个与教学内容配套的、适应学生身心特点的教学方法体系，从而使学生在体育活动中获得成功的体验。

### 1.指导思想

成功体育就是通过教师转变教学观念和教学方法，努力为学生创造成功的机会，使学生获得成功体验，并逐渐形成自身不断追求成功的一种教育过程。该教学模式的指导思想有如下特点：

（1）主张让学生多体验成功，但不否认过程中的失败。

（2）既强调竞争的作用，也重视协同的作用。

（3）主张将相对评价与绝对评价结合起来。

（4）主张营造温暖的集体学习氛围。

（5）强调既懂又会的学习效果。

### 2.适用条件

（1）对教学场地与器材条件要求较高。

（2）教学形式要采用分组教学。

（3）对体育教师提出较高的要求，体育教师应吃透教学内容，熟悉各种教学方法。

## 二、体育教学模式的选用技巧

体育教学模式的理论讲究已经达到一定的高度，但是在现实的教学过程中，许多基层的体育教师在面对众多的体育教学模式时却不知道该采用哪种，这就是体育教学模式中理论与实践相脱节的重要体现，原因就在于体育教师已经习惯传统的教学模式，对于新的体育教学模式还不是很熟悉，目前也没有可供参考的文献。下面就介绍一下目前大多数体育教师困惑的问题——如何选择教学模式。

### （一）根据体育教学思想、理念来选择教学模式

体育教学思想是制定体育教学模式的灵魂，不同的体育教学思想赋予了体育教学模式生命力，使教学模式有了方向盘，也给了教学模式区别于另外一种教学模式的武器。自新课程改革以来，体育教学目标发生了一些变化，目前新课标下的体育教学目标包含了"运动参与、身体健康、运动技能、心理健康、学会适应"五个方面，根据五个目标的具体的教学思想采用不同的教学模式。例如：情景教学模式、发现教学模式、快乐体育教学模式等就比较适合发展学生的心理素质，促进其心理健康。

### （二）根据不同的教材性质选择体育教学模式

体育教材是体育教学活动的基本工具，是学生达到课程标准所规定目标要求的内容载体，是教师教学和学生学习的主要工具。我们根据教材内容的不同性质，参照毛振明博士的教学内容排列理论，把体育教材内容分为两类：需要进行细致传授的教材和介绍性教材。前面一类教材应选用传统运动技能教学模式、发现式教学模式、小群体教学模式等，后一种教材内容由于不需要学习难度较大的运动技术，故了解体育项目、培养兴趣、增进健康作为该类教材的主要思想，可以选用快乐体育教学模式、情景体育教学模式、成功体育教学模式等，让学生通过快乐学习、成功学习体验运动的乐趣。

### （三）根据不同的外部教学条件选择体育教学模式

从教学模式而言，不同的体育教学模式所选用的体育教学条件不同。体育教学条件是一个很复杂的问题，各地区学校的教学条件是不一样的，城市和农村由于经济条件的差异，学校的各种器材和场馆条件不一样，所以体育教师应该根据

实际情况，因地制宜，克服困难，合理选择体育器材，并对场地进行合理布置，且运用多种教学辅助手段来实现不同的教学目标。例如小群体教学模式要求外部的教学条件是要具有充分的场地与器材，以便每个同学都可以使用，如果学校不具备此条件，那么就要考虑其他教学模式。

### （四）根据教学对象的基础条件来选择体育教学模式

学生是教学活动的主体，是教学活动中非常重要的成分，因此在选用教学模式的时候要考虑学生的具体情况、具体特点。学生根据不同的年龄可以分为小学阶段、中学阶段、大学阶段。由于各阶段学生明显存在生理上和心理上的差异，因此我们在教学上要因材施教，选用适合其年龄段的教学模式。小学阶段根据其生理和心理特点，应以游戏为主，所以可以选用快乐体育教学模式、成功体育教学模式、情景体育教学模式；中学阶段是学习运动技术的黄金时期，学生对各种运动项目都有着非常浓厚的兴趣，并且该阶段学生已经具备了较好的思维能力和逻辑分析能力，因而可以选择发现式教学模式、运动技能教学模式、小群体教学模式、成功体育教学模式；大学阶段以专项教学训练为主，可在选用技能类教学模式的基础上配合体能类教学模式。

## 三、体育教学模式的发展

改革开放以后，学术界对于体育教学改革进行了一系列的研究与探索，其中有理论方面的，也有实践方面的。在 20 世纪 80 年代，我国学者开始对体育教学模式进行研究，最早是引进国外有关的教学模式理论与实践介绍性研究。随着对教学模式的认识和研究的深入，有关体育教学模式的文献与著作也越来越多，这些研究探讨了体育教学模式的概念、本质、特点、分类、结构等基础理论，同时也总结出一些具有体育学科特色的教学模式。接下来，我们分析一下我国体育教学模式将在哪些方面有创新与发展的可能，也就是体育教学模式今后的发展趋势。

### （一）体育教学模式的目标趋向情意化

现代教学理论研究和教学实践活动都已表明，学生的智力因素与非智力因素在他们的学习活动中都有着积极的重要作用。现代教学模式的构建改变了传统的教学活动中片面强调智力因素的作用，忽视非智力因素的作用的状况，教学模式的目标不再仅限于增长学生的知识，培养学生的能力，而是要把情感教育、人格教育、品德教育与知识教育结合在一起。尤其在人本主义心理学日益受到人们重视的情况下，学生的情感陶冶备受关注，情感活动被视为心理活动的基础，以此来培养学生的自立性、情感性和独创性。如情景教学模式、快乐体育教学模式，设有一定的问题情境，使教学过程具有复杂、新奇、趣味等特征，学生在一种浓厚的兴趣、强烈的动机、顽强的意志状态下学习和掌握体育知识技能，更能激发学生求知的内驱力，有很强的情意色彩。

### （二）体育教学模式的形式趋向综合化

教学模式形式趋向综合化是指体育教学模式向课内课外一体化发展。由于课内学时与时间的限制，要培养与发展学生自动化的运动技能与锻炼身体的习惯，并为终身体育做准备，光靠课内的时间是远远不够的。课内的主要任务是学习一些新的知识点，改进一些错误动作，因而要充分利用课外时间，加强强化练习、过渡练习，复习与巩固已学的知识与技术，经常锻炼，培养习惯，才能把运动技能上升为熟练化、自动化。然而，目前的状况是，体育课是受到重视的，但课外体育活动却名存实亡，不是放任自流，就是让班主任来承担任务，其效果就大打折扣了。

从教学模式角度而言，目前由于课外体育活动的不重视，这方面教学模式的研究也显得很薄弱，关于目前提出的"课内外一体化教学模式"，虽然涉及了课内与课外相结合的教学，但它在教学实践中还很不成熟，具体的操作模式也不够明确，因此我们暂没有把它列入现有体育教学模式的体系中。

### （三）体育教学模式的实现条件趋向现代化

新课程改革要求大力推进信息技术在教学过程中的普遍应用，促进信息技术与学科课程的整合，逐步实现教学内容的呈现方式、学生的学习方式、教师的教学方式和师生互动方式的变革，充分发挥信息技术的优势，为学生的学习和发展提供丰富多彩的教育环境和有力的学习工具。随着现代化信息技术在课堂教学中的广泛应用，教学模式的实现条件必将走向现代化。如在体育教学中运用多媒体教学帮助学生建立正确的技术表象；健美操教学中运用多媒体技术培养学生的创编能力等。在体育教学模式的运用过程中，充分利用现代教学手段，将学生的视觉与听觉有机结合起来，往往会取得更好的教学效果。

### (四)体育教学模式评价标准的多元化

不同的教学模式有不同的评价方式。随着教学模式理论基础的不断充实，其评价必然发生改变。单一的评价方式显然不能全面反映出一个模式的科学与不科学，所以，评价标准的多元化是必然的。

传统的教学模式只重视终结评价的作用，忽略了学生学习和练习过程中的评价，因而学生的学习兴趣、爱好、情感反应都得不到反馈和体现。期末成绩则记录了学生某几项达标的表面成绩，根本无法深入到学生学习的内在动机和认识提高等方面。因而体育教学模式在当代逐渐地摆脱了单一的终结评价方法，开始重视学生的学习过程评价，学生的自我评价、单元评价，等等。

### (五)体育教学模式研究的精细化

理论研究的目的是指导实践研究，同时也起到总结实践的作用。如果理论脱离了实践，那就将成为一纸空文，而目前大多的理论研究仅止于此，因此造成了许多低水平重复的极大浪费。要加强研究的力度与成效，理论研究与实践研究的结合是一条必经之路，一方面，教学模式的研究同任何理论的研究趋势一样，必将从一般教学模式研究走向学科教学模式研究，再到课堂教学模式研究。另一方面，课堂教学模式的研究又趋向精细化，包括学期教学模式、单元教学模式、课时教学模式。尤其是有关中小学体育教学模式的理论与实践研究将会得到很好的重视，精细化是教学模式研究的必然趋势。

# 第三节　体育教学过程概述

## 一、体育教学过程相关问题

### （一）体育教学过程概念

体育教学过程是一种特殊的认识过程，也是一个促进学生发展的过程。在教学过程中，教师要有目的、有计划地引导学生能动地进行认识活动，自觉地调节自己的志趣和情感，循序渐进地掌握科学文化知识和基本技能，以促进学生智力、体力、品德和审美情趣的发展，并为学生奠定科学的世界观。

### （二）体育教学过程的主要矛盾

体育教学过程中主要存在着三对矛盾：体育教师的教与学生的学之间的矛盾、体育教师与教材之间的矛盾以及学生与教材之间的矛盾。其中，主要矛盾是体育教师的教与学生的学之间矛盾。因为体育教学是体育教师指导学生学习的教育活动过程，教材或者教学内容在教学过程中起着联结教与学的中介作用。体育教师的教和学生的学是教学过程中的两个主体性因素，因此构成了双边互动的矛盾关系。这一矛盾贯穿体育教学过程的始终，同时也支配着其他矛盾的存在和发展，成为教学过程发展的原动力。

### （三）体育教学过程的功能

教学过程是一种认识和实践相统一的活动过程，这一过程的目的在于促进学生的全面发展，也就是说，教学过程的功能在于促进学生身心诸方面的和谐发展。全面地认识和开发教学过程的功能，可以使教学更好地成为实现教育目的的有效途径。教学过程的功能主要表现在以下几个方面：

#### 1.教育功能

在教学过程中，学生不仅可以增长知识，提高能力，而且思想情感、精神面貌、道德品质也同时受到熏陶，发生变化。教师应自觉地在教学过程中将教书和育人统一起来，使教学过程的教育功能得以充分发挥，给学生的思想和道德以有益的影响。

### 2.传递知识功能

通过教学过程，教师可以向学生传递系统的科学文化知识和基本技能技巧。因为教学过程是有目的、有计划、有组织地培养人的过程，所以它可以发挥出高效率、高质量的传递功能。

### 3.智能培养功能

培养智能是在传授知识和形成技能的统一过程中进行的，三者之间有着极为密切的联系，是互相促进、互相依存的统一体。其一，知识是智力活动的内容；其二，获取和运用知识的活动本身，就具有智力锻炼和能力培养的功能；其三，技能形成能够大大简化智力活动过程，能更经济、更有效、更快地提高智力活动的水平。

### 4.审美功能

教学过程将"美"的因素作为教学手段或教学艺术贯穿该过程的始终，渗透到教学活动的各个方面，使学生在"美"的形式中顺利吸收"教"所要传达的各类教育信息，并陶醉于教学美的享受之中，消除紧张学习带来的疲劳，形成一定的审美观念、趣味和能力。

### 5.发展个性功能

传授知识、形成技能和培养智能，也是发展个性的重要方面。每个学生都有可能在原有经验背景和生理条件的基础上，形成独特的知识、技能和智能结构，构建自己新的知识体系，进而也成为个性发展的基础。但是，学生个性的发展还取决于另外几个方面，即思想、品德、价值体系、情感、动机、态度、意志的培养，身体素质的健全。教学过程对决定学生个性发展的这几个方面都有着积极的影响作用。

# 第四节 体育教学过程的层次与特点

## 一、体育教学过程的层次

在教学论发展史上，对教学过程的层次划分有过不同的看法：如把一节课、一个单元的短时间范围看作微观过程，把周、月，甚至更长时间范围看作宏观过程。有人认为，教学过程在一学年，甚至在整个学校教育期间是一个连续的过程，整体上的宏观过程是由短时间单位的微观过程组成的。一般来说，微观过程便于跟踪，宏观过程却很难考察，因而造成教学实际工作者不能从整体上、发展上来规划教学过程、步骤和方式方法。为了改变这种情况，我国学者江山野以学生独立学习能力发展为线索，把整个教学过程分为四个层次：

一是从入小学到大学毕业或完成一定阶段的学校教育为止，这一整个过程是一个总的教学过程，简称第一教学过程。在这个总过程中，按学生独立学习能力发展的程度又分为五个阶段：第一阶段：学生学习完全依靠教师，相当于小学低年级；第二阶段：学生学习依靠教师，相当于小学中高年级；第三阶段：学生相对独立进行学习，相当于初中；第四阶段：学生基本独立学习，相当于高中、大学低年级；第五阶段：学生完全独立学习，相当于大学高年级、研究生。

二是一门课程从开始到结束，简称第二教学过程。

三是一门课程中的一章或一个单元的教学过程，简称第三教学过程。

四是一点知识或一课时的教学过程，简称第四教学过程。

这四层教学过程，一层包含一层，从另一个方面也可以说是一层从属于一层，即第四教学过程从属于第三教学过程，第三教学过程从属于第二教学过程，第二教学过程从属于第一教学过程。

## 二、体育教学过程的特点

体育教学过程的特点与一般教学过程的特点有一定的相似性，但也有一些差异之处。本节主要研究体育教学过程自身的特点，对于与一般教学过程相似的特点不作论述。体育教学过程的特点主要有以下几个方面：

### (一)运动实践活动为基础

体育教学多采用室外课堂教学，学生多以身体练习为主要方式。体育教学过程是学生在教师指导下进行运动实践活动的过程，教学内容以身体练习为主，这一内容的特殊性就成为体育教学过程的一个重要特点。

### (二)运动负荷为条件

体育教学过程中，由于是以传授操作性知识为主，教学内容必然是各种身体练习，因此教学过程是以运动负荷为条件的。这一运动负荷主要以生理负荷为主，是心理和生理负荷的统一。通过承受一定的生理负荷和心理负荷，产生相应的疲劳，身体会做出相应的调节，促进身体恢复以及超量恢复。这点也正是体育活动能促进身体发展、增进健康的生物学依据，即只有使机体适应一定生理、心理负荷的刺激过程，不断地经过适度的超量负荷锻炼，才能有效地发展身体、增进健康。

### (三)身心发展为评价范畴

体育教学过程是与学生的身体活动紧密相连的，学生通过感知、模仿练习来掌握体育的知识技能，促进自身的身心和谐发展。只有学生的身心得到发展，体育教学目标才能得到实现。这便是体育教学过程的评价范畴。

### (四)培养社会性突出

体育教学过程中的交往是以充分发挥每一个个体能动性为主的动态交往。体育教学过程是教师的"教"和学生的"学"的双边活动的过程，学生要从事各种身体练习和活动，既需要教师的指导、帮助，又需要学生之间的相互合作、相互帮助、相互评价，客观上要求学生要进行多方面的交往。这一特点决定了体育教学过程不仅是一个身体活动过程，也是一个心理活动过程和社会活动过程。体育教学过程中的人际关系和交往是社会性和生活性的体现。

### (五)宽松的教学氛围，严密的教学组织

体育教学多以室外课堂教学为主，所以说体育教学过程是在相对宽松的环境下进行的。宽松的教学环境对于学生社会性的培养具有非常重要的作用，但是，宽松的教学环境容易使学生放松注意力。由于体育教学涉及一些体育器材，学生

在学习过程中承受着一定的运动负荷，身心疲劳，难免在教学过程中会产生伤害，因此，为了避免一些事故的发生，必须对教学过程进行严密的监控。

# 第六章 体育教学内容

## 第一节 体育教学内容概述

### 一、体育教学内容的概念和含义

#### (一)体育教学内容的概念

体育教学内容是为了达到体育教学目标而选用的体育知识和技能的体系。它是在体育教学实践中教师教与学生学的实践材料，是教育者按照育人的要求，在总结前人体育和教育实践经验的基础上，遵循一定的原则和程序，从丰富的体育知识和技能中认真精选出来的。其又是联结教师与学生的中介和媒体，是师生进行信息交流的重要纽带。体育教学内容往往制约着体育教学方法和教学手段，也是直接关系到体育教学目标和课程目标能否实现的关键要素。

#### (二)体育教学内容的含义

体育教学内容的概念包含以下两层含义：

（1）体育教学内容有别于一般的教学内容。首先，它是依据体育教学的目标选择，根据学生身心发展需要和教学条件精选和加工出来的体育内容；其次，它是以大肌肉群的活动状态进行教育的内容，主要包括体育练习、运动技术学习和教学比赛等形式；最后，它是在一定体育教学条件下进行传授的。

（2）体育教学内容也有别于竞技运动的内容。首先，体育教学内容是以教育为目的，而竞技运动内容则是以娱乐和竞技等为目的；其次，体育教学内容必须根据教育的需要进行必要的改造、组织和加工，而竞技运动内容则不必进行这种改造。

体育教学内容在形式上与其他学科的教育内容相去甚远，体育教学内容来源于娱乐、竞技等内容，却在体系上大不相同。这形成了体育教学内容独特的性质和在教育内容中的独特位置，使得体育教学内容的选择、加工以及教学过程都更加复杂。

### （三）体育教学内容的意义

体育教学内容对于实现体育教学目标有十分重要的意义，它是构成教学活动的基本要素，是实现体育教学目标的重要条件，每一项体育教学内容的完成都使得整个体育教学工作更接近于最终体育教学目标的实现。

体育教学内容是体育教师教学的直接依据，体育教师必须深刻理解和熟练掌握，达不到此项要求就不能算是合格的教师。同时，由于社会对体育教学的要求不断提高，体育教学内容处在动态发展中，而在特定时期内人的认识能力总有局限性，因此，体育教师对教学内容的学习和钻研也不能一劳永逸，必须坚持不懈地进行。体育教师对教学内容不断学习和钻研的过程，就是教师不断提高自身业务水平的进步过程。

体育教学内容应该是在充分研究学生的身心发展特点和已有体育水平的基础上选择和确定的，因此它可以对学生身心的进一步发展起到积极的促进作用。但是，这种积极作用的发挥要从理论上的可能性变为现实性，还必须经过在教师有效组织和指导下的学生对教学内容的努力学习和训练，这就要求体育教师必须善于教育学生，善于把国家规定和教师选定的教学内容变成学生实际感知的自我发展需要的学习内容，从而使教师负责地教和学生能动地学统一于完整的教学活动之中，使教师教有所进，学生习有所得。因此，科学而合理地选定体育教学内容，有利于学生顺利获得体育知识和技能，锻炼身体，增强体质，形成正确的体育意识和养成良好的行为习惯，有利于培养学生良好的思想品德，发展学生的个性。

## 二、体育教学内容的特点

### （一）运动实践性

体育教学内容与其他教学内容的最大差异在于体育教学内容主要由体育运动项目和身体练习构成，与身体运动的实践紧密相关。有学者指出，体育教学内容"是以有关身体运动的学习和身体运动的技能形成为主要培养目标的内容；是以运动为媒介，以大肌肉群的活动状态进行教育的内容"；体育教学内容的学习不仅是通过学生的思维活动解决学生知与不知、懂与不懂的问题，而且是通过学生实际从事的运动学习与身体练习，以及通过运动中的肌肉本体感觉的形成与动作的记忆，解决学生会与不会的问题，它的思维和行为是紧密相连的。因此，体育教学内容的学习特别强调"从做中学""从练中学"。

### （二）健身性

从广义体育的角度来看，体育就是增强体能、增进健康的教育；体育教学内容的学习过程，实际上是学生学习一定的体育知识和技能，从事身体练习的过程。学生在进行身体练习的过程中，必须也必然要承受一定的运动负荷。体育教学主要是通过合理安排身体练习的运动负荷量与强度，并适时地加以调控，来达到增强学生体质、增进学生健康的目的。体育教学内容所起到的增强体质、增进健康的作用是其他任何一门课程的教学内容所无法具有和取而代之的。

### （三）娱乐性

体育教学内容大部分来自体育运动项目，而体育运动项目大多是从各种各样的运动性、竞技性游戏中发展演变而来的。运动性游戏自然具有趣味性、娱乐性的特点，因而体育教学内容也具有一定的趣味性与娱乐性。体育教学内容的学习主要是在运动学习与运动比赛的过程中完成的，这些运动的乐趣体现在运动学习和运动竞赛过程中的竞争、协同、克服、表现等心理过程中，体现在受教育者对新的运动的体验和对学习进步的成就感中；体现在运动的环境、场地、比赛规则、比赛形式等的变化和加工方面。当受教育者在接受体育教学内容时，必然存在对这些运动乐趣的追求动机，在追求的过程中，学生会获得竞争与合作、成功与失败的体验，给人的情感以深刻而丰富的陶冶，从而愉悦身心。

### （四）人际交往的开放性

体育教学内容大多是以集体活动的形式来进行的运动的学习和竞赛，而运动是以时空的变动方式来进行的。在对运动的学习、练习和比赛中，人的交往和交流又是极其频繁的，因此，体育教学内容与其他教育内容相比具有更明显的人际交往的开放性。体育教学内容以这种人际交流的开放性为基础，构成对集体精神、竞争精神协同培养的独特功能，使得体育教育内容的学习过程中师生、生生之间的关系更加密切、开放；一些以小组进行的内容使得组内的各种分工明确。体育学习中的各种角色变化远远多于其他学科，所以体育课能有效地培养学生的社会适应能力。

## （五）非逻辑性

体育教学内容主要是由众多的相互平行的、可以替代的运动项目和身体练习组成的，并且包含了丰富的体育与健康的理论知识。这增强了体育教学内容选择的灵活性。

# 第二节　体育教学内容的层次与分类

## 一、体育教学内容的层次

关于体育教学内容的层次，我们可以从宏观和微观两个层面进行分析。从宏观层面来讲，体育教学内容包括三个层次，即上位层次、中位层次、下位层次；从微观层面来讲，体育教学内容有四个层次，即第一层次、第二层次、第三层次、第四层次。以下分别从宏观和微观两个层面进行分析。

### （一）宏观层面

推动教育改革发展向质量提升转变，不仅是新时代中国教育改革发展的新方向，也是建设现代化经济体系对教育的新要求。"建设高质量教育体系"作为构建新发展格局的基础环节，关注到了教育"高质量发展"与经济"高质量发展"之间的内在联系，关注到了教育系统内部优先实现"高质量发展"进而才能促进社会各子系统"高质量发展"的基础作用。因此，关注教育发展的质量而非速度，依靠创新来推动发展、依靠质量来夯实发展，将逐渐成为公众共识。当前，整个教育系统都在紧紧围绕"建设高质量教育体系"这一方向和要求展开部署，把推动新时代教育高质量发展的国家要求变成各级各类教育改革实践的切实行动。这表明中国基础教育课程模式正在从原来单一的国家课程模式走向国家、地方、学校三级课程模式。根据这一基本思想，体育教学内容从宏观层面来看，可以分为三个层次：

### 1. 上位层次——国家课程和教学内容

国家课程和教学内容是体育教学内容的上位层次。它是国家教育行政部门规定的统一课程和教学内容。它体现国家意志，是专门为未来公民接受基础教育之后应该达到的共同体育素质而开发的体育课程和教学内容。国家体育课程和教学内容的开发主要是根据不同教育阶段的性质与培养目标来制定的体育课程标准或教学大纲，以及编写的教学内容。它是一个国家基础教育体育课程框架的主体部分，它所涵盖的内容和所占的课时比例与地方课程和学校课程的内容和课时比例相比是最多的。因此，它在决定一个国家基础教育的体育教学质量方面起着举足轻重的作用。

### 2.中位层次——地方课程和教学内容

地方课程和教学内容是体育教学内容的中位层次。它是在国家规定的各个教育阶段的体育课程内，由省级教育行政部门或授权的教育部门根据当地的政治、经济、文化、民族等发展的需要而开发的体育课程和教学内容。地方课程和教学内容在充分利用地方体育教育资源、体育基础教育的地域特点，增强体育课程和教学内容的地方适应性方面，具有重要的价值。

### 3.下位层次——学校课程和教学内容

学校课程和教学内容是体育教学内容的下位层次。它是以学校教师为主体，在具体实施国家课程和教学内容、地方课程与教学内容的前提下，通过对本校学生的特点和需求进行科学评估，充分利用当地社区和学校的体育教育资源，依据学校的办学思想而开发的多样性的、可供学生选择的体育课程和教学内容。学校课程和教学内容的开发主要依据国家教育方针、国家或地方体育课程和教学内容、学校办学理念、学校评估需要以及学校课程资源，强调以学校为主体和基地，充分尊重和满足学校师生的独特性和差异性，特别是使学生在国家课程与地方课程的教学内容中难以满足的那部分发展需要得到更好的补充。

### （二）微观层面

教学内容是课程的载体，从教学内容论的角度来看，教学内容具有多义性。从微观层面，按照具体化的程度，体育教学内容可以分为四个层次：

（1）第一层次相当于体育课程标准所示的学习内容，如体育与健康课程标准规定的"运动参与、运动技能、身体健康、心理健康、社会适应"五个学习领域。

（2）第二层次是第一层的具体化形式。如体育与健康课程标准明示的水平目标：获得运动的基础知识，说出所做简单运动动作的术语。

（3）第三层次是教学中具体运用的硬件与软件，亦通常所说的"教学内容教具"，如篮球、足球、体操、武术等，以及有关的场地器材。这是通常意义上所说的体育教学内容。

（4）第四层次是具体的练习方法手段，即某项教学内容的下位教学内容。如练习教学内容、游戏教学内容、认知教学内容等。

## 二、体育教学内容的分类

### （一）体育教学内容分类的基本要求

体育教学内容有别于其他的教学内容，具有多种属性与功能。要对丰富多彩的体育运动项目与身体练习进行合理的分类，需要遵循下列基本要求。

#### 1. 符合教育价值取向

体育教学内容的分类应随着社会发展和国家教育方针的要求而不断变化，一成不变的体育教学内容的分类是不存在的。因此，进行体育教学内容的分类应有与时俱进的观念。

#### 2. 服务于体育课程目标

体育教学内容是实现体育课程目标的手段，体育教学内容的分类要为实现体育教学目标服务。由于体育教学内容具有多功能的特点，所以在进行体育教学内容分类时要考虑每一个体育运动项目或身体练习的主要特点与功能。

#### 3. 符合学生的身心发展规律

不同年龄的学生无论是在生理上还是在心理上，都具有鲜明的阶段性特点。体育教学内容的分类必须充分考虑学生的特点，如在小学低年级体育教学的运动技能的维度目标主要是发展基本活动能力，这一阶段采用以基本活动能力与游戏的分类比较适宜，这样分类有利于发展小学生的基本活动能力和培养他们对体育的兴趣，为以后的体育教育打下坚实的基础。

#### 4. 有利于体育教学实践

体育教学内容的分类要有为体育教学实践服务的理念。在具体的体育教学内容分类中，还要有利于体育教学实践中体育教师对体育课程内容的选择与安排。体育教学内容的分类既要合理又要科学，分类的正确与否将在实践中不断地被验证。

5. **应与体育教学方法和体育教学评价方法相联系**

体育教学内容的分类应与体育教学方法和评价方法相互贯通，成为有机的整体，便于对体育教学进行有效的评价，即进行体育教学内容的分类要有系统的观念。

### （二）常见的体育教学内容分类

体育运动项目成百上千，体育教学内容丰富多彩。在对体育教学内容进行分类安排时，常面临以什么样的逻辑进行分类的问题。正确地对体育教学内容进行分类，有利于深刻地认识体育教学内容，并使之与体育教学目标协调一致。由于体育教学内容之间大多是平行关系，缺少纵向的逻辑关系，以及体育教学内容的可替代性等特点，体育教学内容的分类尚存在较大的争议。目前，体育教学内容的分类方法主要有以下几种：

#### 1. 根据人体基本活动能力分类

根据人体基本活动能力进行分类，即按人类具有的走、跑、跳、投、攀登、爬越、钻、负重等基本活动能力，将各种各样的运动项目、身体练习等重新进行分类组合。

这种分类对于有目的、有针对性地培养学生基本活动能力是比较有利的，且不受现有正规的体育运动项目的局限。因此，这种方法不仅有利于组合教学内容，而且也有利于协调学生的各种身体动作和发展基本活动能力；比较适合低年级。但这种分类对于学习掌握体育运动技能、发展体能具有一定的局限性，不容易满足高年级学生学习体育运动项目的要求。

#### 2. 根据身体素质分类

提高学生身体素质是体育教学的目标之一。根据身体素质进行分类，即按速度、力量、耐力、灵敏、柔韧，或按与动作技能相关的体能，如速度、力量、灵敏、协调、平衡、反应等，或按与健康相关的体能，如心肺耐力、柔韧性、肌肉力量、肌肉耐力、身体成分等，将各种各样的运动项目与身体练习重新分类组合。

这种分类在提高学生身体素质方面分类明确，有利于帮助学生正确认识各种体育运动项目与身体练习和发展体能的关系，并有利于有目的、有针对性地发展学生的体能。但是，由于许多项目并不是单纯提高某一方面身体素质的，所以这种分类显得不够准确，而且这种分类往往容易带来对体育教学内容的文化特性的认识不足，从而导致学生忽视对体育运动的文化学习。

### 3. 根据运动项目分类

根据运动项目进行分类是体育教学中最常见的教学内容分类方法，它是按照运动项目的名称和内容进行分类的，如球类、体操、田径、武术、体育舞蹈、冰雪运动、水上运动等，将各种各样的运动项目重新进行分类。

这种分类有利于根据体育运动项目的特点进行教学，因为这种分类与社会上进行的竞技运动相一致，在名称和内容上容易理解，有利于学生对竞技运动文化的理解和掌握。但是，这种分类方法容易将一些很有价值的但没有列入正规体育比赛的项目排除在外；即使是正式比赛的项目，也由于其在规则、技能等方面具有高水平特点，往往不符合学校教育的条件和学生的身心特征，需要对其做必要的改造，而改造后的教学内容也容易与原来的运动项目产生较大差异，成为一种似是而非的内容，从而影响学生对运动项目的正确理解和掌握。

### 4. 综合交叉分类

综合交叉分类就是把基本部分与选用部分、理论与实践教学内容、各项运动的基本教学内容与提高身体素质练习教学内容等相互交叉的综合分类方法。

这种分类方法能够反映学生不同年龄阶段身心发展特点和对学生学习的基本要求，有利于达到体育教学的综合效果，既有助于保持运动项目的固有特点和系统性，又有助于加强身体锻炼的实效性，使运动项目的技术和发展学生身体素质的练习相互配合。

### 5. 根据体育教学目标分类

这种分类也是体育教学中一种比较常见的教学内容分类方法。它是以人们赋予体育教学要达到的目的为依据进行分类的。例如掌握体育运动技能的练习、发展体能的练习、掌握科学锻炼方法的练习、提高基本活动能力的练习、提高安全意识与能力的练习、发展学生心理素质的练习、提高学生社会交往能力的练习等。

根据体育教学目标进行分类可使教学内容的目的性和教学方法更加明确，而且有利于打破以竞赛为目的的教学内容编排体系，使得竞技运动知识和技能的学习得到保障。

### 6. 根据体育的功能分类

依据三维健康观、体育的本质特征、体育与健康课程五个领域的目标，重新构建了体育课程的内容体系，将体育课程学习内容划分为运动参与、运动技能、身体健康、心理健康和社会适应五个方面。

# 第三节　体育教学内容的选择

体育教学内容作为体育教学中的一个重要因素，影响着整个体育教学活动过程。体育教学内容又是联结教师与学生的纽带，是师生进行信息交流的载体。体育教学内容往往制约着体育教学方法和教学手段，也是直接关系到体育教学目标和课程目标实现的关键要素。过去的体育教学大纲中有明确的教学内容的安排，现在只给出了体育课程标准，因此，在教学中必须对具体教学内容进行选择和组织。

## 一、体育教学内容选择的依据

### （一）体育课程目标

体育课程内容是实现体育课程目标的手段，而不是目的。体育课程目标的多元性以及体育运动项目和身体练习的可替代性，增加了体育课程内容选择与组织的多样性。因此，在选择体育课程内容时就应该依据一定的标准。体育课程目标是选择组织课程内容的主要依据。体育教学内容的选择必须依照目标，即有什么体育课程目标，便有什么体育教学内容。

### （二）学生的需要及身心发展规律

在体育教学内容选择时应该考虑学生的需要。体育教学的目的是要促进学生的身心健康发展，因此在选择体育教学内容时，要充分考虑学生的体育需要和兴趣，这对于有效的学习是非常重要的。学习是一个主动的过程，这个过程需要学习者自身的努力。一般来说，当遇到感兴趣的事情，学习者就会主动参与其事，从而有效地学习。正如教育学家杜威所说，当学习是被迫的而不是从学习者真正的兴趣出发时，这种学习相对来讲是无效的。目前的许多调查结果表明，现在大多数的学生喜欢课外体育活动，却不喜欢上体育课，其中一个重要的原因就是对教学内容不感兴趣。

学生的身心发展规律与特点决定了其对教学内容的接受程度，体育教学内容必须是学生经过努力可能接受的。因此在体育教学内容的选择过程中，就需要根据学生的特点确定教学内容的深度、广度和难度。

### （三）社会发展的需要

学生个体的发展总是与社会的发展交织在一起。体育教学是为学生的未来健康打基础的，因此，在选择体育教学内容时，必须考虑现实社会与未来社会的需求。体育内容的选择不可忽视未来公民适应社会发展所必需的体育素质，因此，体育教学内容要满足学生在身体、心理和社会适应能力等方面发展的需要。另外，体育教学内容只有与社会生活、学生生活紧密联系起来，才能真正成为趣之所在、志之所在，才能实现它的功能。

### （四）体育教学素材的特性

体育教学素材的首要特性就是其内在的逻辑关系不强，这使我们在安排教学内容时无法完全按难易程度和学生的准备条件来排列素材的顺序。体育教学内容的划分通常只是以运动项目来进行，划分后的教材之间又都是平行和并列的关系，如篮球和排球、体操和武术。它们看似有某种联系，但又看不清是什么样的联系，更说不清这些教材应谁先谁后，谁是基础谁是提高。我们还无法从学科内容本身找到其内在规定性和顺序性。

体育教学素材的第二个特性是"一项多能"和"多项一能"。"一项多能"是说一个运动项目可以达到许多体育目的，也就是经常说的"目标多指向性"，如有人用健美操锻炼身体，有人用健美操进行娱乐，也有人用健美操来表演。其实很多时候一个人掌握了一项运动就可以为自己的多种目的服务。"多项一能"是指体育内容的相互替代性。想练投掷，投小垒球可以，推实心球可以，推铅球也可以；想与同伴一起娱乐，踢足球可以，打排球可以，玩篮球可以，棒球也没问题。一个人不必拘泥在某一个项目上，进行不同项目也可以达到一种目的。这个特性使得体育教学内容中没有什么非学不可和无法替代的运动，也就是说体育教学内容没有很强的规定性。

体育教学素材的第三个特性就是数量极大，内容很庞杂，而且很难归类。人类几千年来创造出的体育运动项目多得让人无法数清，而且它们多姿多彩，各个运动技能对身体素质的要求也多种多样。这就是体育教师难以精通全部体育项目的原因，也是难以编出适合一切地区和教学条件的教材的原因。

体育教学素材的第四个特性是每个运动都有各自独特的乐趣。如篮球和足球的乐趣是在激烈的直接对抗中运用自己的技术和队友之间的配合将球攻入对方的篮中；隔网类运动在于双方队员在各自的场地中进行巧妙配合，通过多次网上往返和争夺后，对方无法将球击回而取胜；体操运动则在于控制自己的身体达到一种难以完成的非正常体位，以体验其中的乐趣；目标类运动的乐趣在于通过长时间锻炼达到操作的稳定性，并在实践中用精确结果来验证自己的预想能力，并从中获得快感和自信；户外型运动的乐趣在于获得征服自然后的超越感，在优美或险恶的环境中检验自己的能力。体育运动的这个特性使我们在体育教学中无法忽略运动的乐趣，这也是为什么会有"快乐体育"的理论和实践存在，并能在很大程度上指导体育教学改革的原因所在。

## 二、体育教学内容选择的原则

### (一)教育性原则

我们在面对体育素材的时候，首先应从教育的基本观点去审视它们，看它们是否符合教育性原则；与国家、社会的价值观念是否冲突；是否对学生的身心发展有利，包括是否有利于学生的身体锻炼。体育课程内容的选择应该紧扣体育课程的主要目标，把"健康第一"的指导思想作为确定体育课程内容的基本出发点，同时重视教学内容的体育文化含量，以增进学生的体育文化修养。学校体育应以培养学生在品德、智力、体质等方面的全面发展为目标，坚持理论和实际相结合的原则，既要讲述人体科学知识，又要取得锻炼身体的实际效果，还要使学生增进体育文化修养，受到思想品德教育，促进身心健康发展。体育教学内容的选择要符合不同学段学生的身心发展的特点和规律，充分考虑学生的个体差异与不同需求，确保每一位学生受益和体育教学内容的选择要符合不同地区、不同学校的实际，确保较大的选择空间和灵活性。

### (二)科学性原则

选择教学内容要注意健身性和兴趣性，但这并不意味着未来的体育课程就不关注教学内容的科学性。这里讲的科学性有三层含义：一是教学内容要有利于学生身心的协调发展。有些内容有利于学生身体健康，但不一定有利于学生的心理健康，反之亦然。教学内容要努力使学生在愉快的活动中促进身体的发展。二是教学内容要有利于学生了解科学锻炼的原理和方法，从而增强学生锻炼的自觉性和积极性。三是教学内容本身的科学性。

### （三）实效性原则

未来的体育课程是一门以身体活动为主要手段、以增进中小学生健康为主要目的的课程。可以这样认为，一切对学生健康有利的教学内容都可以被纳入选择的范围之内，这可使未来体育教学内容更加丰富多彩。

所谓实效性，简单地讲就是某一活动是否实用、是否简便易行、是否有助于学生的身心健康。《基础教育课程改革纲要（试行）》在教学内容的改革方面强调：改变教学内容"难、繁、偏、旧"和偏重书本知识的现状，加强教学内容与学生生活以及现代社会和科技发展的联系，关注学生的学习兴趣和经验，精选终身学习必备的基础知识和技能。因此，在选择体育课程内容时一定要注意既要选择与学生自身的体育学习兴趣和经验接近的，又要选择大众喜欢的、社会上比较普及的，并有很好的健身娱乐效果的运动项目，为终身体育奠定基础。

### （四）趣味性原则

兴趣是最好的教师。在选择体育教学内容时，一定要根据学生的年龄和性别特点，选择那些学生感兴趣的、娱乐性比较强的、社会上广泛流行的体育素材。毋庸置疑，许多竞技运动项目具有健身价值和教育价值，但是，由于我们长期以来只是关注竞技运动项目教学的系统性和完整性，并把培养运动员的教学方法带进了体育课堂，结果使许多学生对体育课的教学内容失去兴趣，并厌恶体育课。

### （五）民族性与世界性相结合的原则

体育课程内容的选择既要汲取我国民族传统体育素材中的精华，也要借鉴和吸收国外体育课程内容设置的经验和合理内核；既要打破故步自封的局限性，也要防止崇洋媚外和囫囵吞枣的做法。同时，体育课程内容的选择还应做到与时俱进，体现时代性、发展性、民族性和中国特色。

# 第四节　体育教学内容的发展

## 一、对体育教学内容的反思

### （一）体育教学内容的逻辑关系不强

体育教学内容与其他教学内容相比，最大的特性就是其内在的逻辑关系不强，这使我们在安排教学内容时无法完全按照由简单到复杂、由低级到高级的逻辑顺序来排列教材。

### （二）竞技项目如何教学化

长期以来，竞技体育项目充当着体育教学的主要内容。由于运动训练与体育教学有着本质的区别，在实际的体育教学中又一味地按照竞技体育的标准要求学生，出现了学习内容枯燥、难度较大、教学效果不佳等问题。因此，必须对竞技运动项目加以改造，以适应体育教学的需要。体育教学内容的当务之急是如何改造竞技体育运动项目，使其符合体育教学内容的要求。

### （三）体育教学内容与健康教育的畸形关系

体育教学内容本应该和健康教育融为一体，但一直以来人们比较忽视理论基础知识的精选与传授，认为体育教学就是上实践课；或者说是很多会上体育实践课的教师不会上健康教育课，而很多会上健康教育课的教师又不会上体育实践课，体育教学和健康教育的关系变得非常尴尬。随着终身体育的提出，人们认识到，体育必须同卫生、保健相结合，必须科学地锻炼和保健才能健康。理论与实践必须有机地结合，这对于体育教师来说是一大挑战。

### （四）体育教学内容应该多样化还是重点突出

同别的学科相比较，体育教学的内容在横向上要丰富得多，而其他学科教学内容多表现为纵向上的逻辑递进。随着终身体育思想的出现，特别是针对由于目前的体育教学内容太多，学生学不会的弊端，有些学者提出只教会学生一项运动技能的观点，用这一项内容就可以满足终身体育的需要了。但也有诸多反对者，他们认为，面对庞大丰富的体育文化知识宝库，一个项目不可能满足儿童、少年、青年、中年直至老年的体育运动兴趣；这是一种片面的终身体育观，项目太多和项目太少都不是可行之路。因此，学者们正在探讨小学、初中的多样化教材内容和高中、大学选择特长项目的设想。

## 二、体育教学内容的发展趋势

### （一）向不同学段逐级分化和从规定性向选择性方向转化

过去的体育教学大纲在确定体育教学内容时，试图从综合性极强的体育学科当中寻找运动项目之间的逻辑关系，把所选择的体育教学内容按照一定的逻辑关系进行体系化，而体育教学内容恰恰缺少逻辑性，这给我们教材的安排出了一个难题。而未来的体育与健康的教学大纲在选择体育教学内容时，遵循体育学科自身的内在规律，把一些学生喜闻乐见的，健身性、娱乐性、时代性强的体育素材选进体育课程，并对不同年龄阶段和学段的教学内容和要求有所区别，并且在高中阶段以后要实施"选择制教学"。

### （二）从教师价值主体向学生价值主体转化

体育教学内容的选择与确定，不仅受国家与政府的价值观念、社会发展的水平、学校教育的发展水平的制约，而且还受教师与学生的价值观念的制约。在1997年以前的《体育教学大纲》中，体育教学内容的选择与确定更多体现的是体育教师对体育教学内容的价值取向，为了教师的"教"而选择体育教学内容。然而，随着学校体育课程改革进程的不断加快，体育教学内容的确定与选择将更多考虑的是从学生的需要出发，更多体现的是学生对体育教学内容的价值取向，为了学生的"学"而选择体育教学内容。

### （三）从只注重提高身体素质向身心全面发展的方向转化

由于体育教学内容的选择受教育思想、方针政策的影响和制约，也受学校体育的功能和目标的制约，学校体育课曾一度变成了以提高学生跑、跳、投等身体素质为目的的达标课。1993年《中国教育改革与发展纲要》出台以来，素质教育成为学校教育的主旋律，全面发展学生的素质就成了学校教育义不容辞的责任。

体育教学内容的选择与确定，必须符合素质教育的要求，全面发展学生的身体素质、心理素质以及社会适应能力，使之成为全面发展的社会主义合格的建设者。

### （四）应考虑终身体育目标的要求

学校体育为终身体育打基础是当今世界学校体育发展的大趋势，要实现终身体育的终极目标，则需学生掌握终身参加体育所需的技能和知识。因此，应处理好教材的健身性、运动文化传递性与娱乐性的关系，精心选择既有健身价值，又有终身运动性质的大量生活中常见的体育项目作为体育教学内容。

### （五）及时吸收新兴的体育项目、娱乐性项目

随着社会的进步，物质生活水平的提高以及大众体育的蓬勃开展，新兴的运动项目和娱乐性体育项目不断涌现。青少年喜欢追求时尚，当然也喜欢新兴的、娱乐性强的体育运动项目。因此，我们的体育教学内容应改变传统体育教材一直占统治的局面，把旱冰、攀岩、有氧操、跳绳、独轮车等形形色色的体育项目作为学校体育的教学内容。

## 三、体育课程内容的新体系

体育课程的内容从整体上说，应当丰富多彩，这可以为教师和学生选择提供可能。

体育课程内容新体系的构建是和学生的体育需求扩大和体育功能扩展相关的，"健康第一"的指导思想进一步为体育课程内容的拓展提供了思路。为了使学生在身体方面、心理方面、社会适应方面均得到发展，就应当构建相关的体育课程内容。

体育进一步和社会相结合是当代体育发展的一个重要趋势。因此，体育课程内容应该进一步拓展，并构成新的体系。体育课程内容的新体系应该包含下述五个方面，即身体教育、保健教育、娱乐教育、竞技教育和生活教育。

### 1. 身体教育

身体教育是指以健身为目的的体育教育。它的发展目标主要定位在提高人的基本活动能力：走、跑、跳、投、悬垂、支撑、攀登、爬越等；发展人的运动素质，特别是与健康相关的运动素质：身体成分、肌肉力量、有氧耐力及柔韧性。

### 2. 保健教育

保健教育指安全、健康地从事体育运动的有关知识与技能，也包括一些必要的生理卫生和保健知识。在体育课的教学过程中，特别要引进运动处方的理论与实践，使保健教育与体育运动实践密切地结合起来。

### 3. 娱乐教育

娱乐教育是指愉悦身心的娱乐、休闲体育，包括活动性游戏和表现舞蹈等。娱乐教育可以和日常生活密切结合，在家庭、学校、社区等环境灵活地展开。各个民族均有丰富多彩的娱乐教育活动，把它引进作为体育课程的内容是一种有益的选择。

### 4. 竞技体育

竞技体育主要是指适应学生身体条件、年龄特征和兴趣爱好，以专项运动项目为主要内容的教学内容。但要注意，这类内容虽然受到学生的广泛欢迎，但是不宜照搬对运动员的要求，在动作难度、运动负荷的要求方面应当适当，可以对正规的运动技术进行改造，以适应学生的实际。

### 5. 生活教育

生活教育指防卫训练、拓展练习、冒险教育及健康生活教育等。当前，广大学生受到城市化的影响，生活优越，但内容单调，很多学生希望选择新鲜的环境，接受自然的熏陶，走向自然，走向生态，维系生命。追求时尚已成为了新的价值追求，而正是这种价值追求，为拓展新的体育课程内容提供了可能。

# 第七章　体育教学论

## 第一节　体育教学发展论

### 一、体育教学论的定位分析

#### (一)体育教学论的学科性质

学科性质是学术的分类特质，指一定的科学领域或一门科学分支的特质。对一门学科性质的认定，关系到其在科学领域的归属和分类等许多重要问题。体育教学论的学科性质问题，是这门学科得以确定的基本问题，体育教学论之所以能够独立于其他学科而存在，就是由其特有的性质决定的。那么，体育教学论的学科性质是什么呢？

按照目前体育教学论已有的科研成果及社会科学对学科性质进行归类，我们把学科的性质分为三类：理论科学、应用科学、理论兼应用科学。

体育教学论是分科教学论的组成部分，因此体育教学论的学科性质首先受教学论学科性质的影响。而人们对教学论学科性质的研究存在一定分歧，处在不断演变之中。

体育教学论作为教学论的分科教学论，它的学科性质要在综合教学论的认识基础之上，结合体育学科自身的特点，概括出体育教学论的学科性质。体育教学论不仅要有体育教学理论知识的教学，而且还要把这种理论应用到实践教学。因此，体育教学论既要根据体育教学实践发展的需要，总结出各种类型的具体教学模式、教学策略、教学设计方法、技术等，还要在这些实践中总结、概括出普遍的规律，以便更好地指导理论教学。因此，我们把体育教学论定位精要概括为：实践性很强的理论型应用学科。

### （二）体育教学论的研究对象

任何一个学科的发展都应有一个核心领域，也就是说，都有其特定的研究对象。特定的研究对象是一门学科产生和存在的客观依据。因此，明确体育教学论的研究对象，是实现体育教学论科学化的首要问题，对体育教学论的学科建设与发展具有十分重要的意义。

确立体育教学论的研究对象，我们必须把握以下几个方面：一是体育教学论所确定的研究对象是客观存在的，但这并不是说体育教学领域中所有客观存在的都是体育教学论研究对象。二是要区分体育教学论概念的定义与体育教学论的研究对象。体育教学论的定义是揭示体育教学论这个概念所反映的对象的本质属性，体育教学论的研究对象是指体育教学论要研究什么。三是要区分体育教学论的研究对象与研究任务。四是体育教学论研究对象是由它所要解决的特殊矛盾的任务决定的。要界定体育教学论的研究对象，就要弄清体育教学论所要解决的特殊矛盾是什么。体育教学论之所以区别于其他学科，就是它是研究教与学的矛盾。因此，抓住了教与学这一本质的联系，也就抓住了教学研究的根本。五是要区分体育教学论研究的客体与研究对象。体育教学论研究的客体是整体的体育教学活动，我们不能把研究的客体直接等同于研究对象，因为体育教学活动这一客体是学校体育教学活动所指向的对象。

根据上述分析，我们再来看目前已有的科研成果中对体育教学论研究对象的界定。我国学者在这方面形成了不同的看法，归纳起来可以分为两类：一类是把体育教学论的研究对象界定为体育教学的一般规律；另一类是把体育教学论的研究对象界定为各种具体的教学变量和教学要素。

从以上对体育教学论研究对象的相关研究成果来看，把体育教学规律变成体育教学论的研究对象、把体育教学论研究对象归结到体育教学活动中的问题、离开教与学的问题来谈体育教学论研究对象、笼统地把体育教学论的研究对象指向体育教学论的概念等说法都是有失偏颇的。因为体育教学论的研究对象是指要研究什么的问题。把体育教学论的研究对象说成是体育教学论的规律，这就把体育教学论的研究对象与任务混淆了。

根据以上论述，本书认为，体育教学论的研究对象是从体育教学中所要解决的特殊矛盾、体育教学的任务及教与学的问题出发来研究体育教学活动中所面临和所要解决的问题。

### (三) 体育教学论研究的基本范畴

对于一个学科来说，基本范畴无疑是这个学科最基本的问题，诸如一个学科的基本属性、研究对象、研究方法等都可以算作是这个学科的基本范畴。由于体育教学是一个复杂教育现象的统一体，因此，我们想弄清楚体育教学论的研究范畴，也要从多方面来考虑。首先，我们从前文的论述中得知，从体育教学论的学科性质来看，体育教学论是一门实践性很强的理论型应用学科。诚然，体育教学论不仅要研究体育教学的一般规律，还要研究这些规律在教学实践中的应用，这些都是体育教学论的研究范畴，当然还包括体育教学论这门学科的基本属性、研究对象、研究方法等。再者，我们从体育教学系统来考虑，构成教学系统的要素包括教师、学生、教材、教学手段、教学目的等，并且每个要素都在教学系统中发挥着独特的作用。其中，每个要素都是体育教学论研究范畴的构成体。

要弄清楚体育教学论的研究范畴，不能从这些表面来看，我们要通过这些表面现象看到实质。体育教学论的真正研究范畴，应该能适用于任何体育教学活动；能保持相对的稳定性；能重复操作而保持相似结果的存在；具有矛盾的辩证统一性，以保证在范畴本身矛盾运动中揭示各种关系，形成理论体系；要具有结构性，在范畴因素之间构成一个有机体，并能进一步具体的演绎，形成完整的体育教学论体系。要达到这样的要求，我们要先弄清楚，体育教学要面对的矛盾统一体。体育理论与技术最终要被学生所认识，因此，学生是认识与发展的主体，被认识的体育理论与技术是客体，而教师、教学环境等只是促进认识的媒介。主体与客体、主体与媒介、客体与媒介之间都存在矛盾。其中，主体与客体之间的矛盾转化上升的过程就是体育教学发展的动力，是体育教学理论发展的推进器。这就组成了体育教学论研究的三个基本范畴：学生、体育理论与技术和媒介。在基本范畴的进一步演绎下，得出体育教学论研究的内容体系。首先，学生范畴表现出来的研究内容有体育教学过程中的主体性，体育教学过程中的主体、客体，及其相互间的关系问题，如何培养学生的主体性发展问题等。其次，体育理论与技术范畴表现出来的研究内容有体育教学过程、体育教学内容、体育教学系统、体育教学规律与原则、体育教学方法、体育教学模式、体育教学组织形式等。最后，媒介范畴所表现出的研究内容有体育教学过程的主体性、体育教学目标、体育教学环境、体育教学艺术、体育教学管理与评价等。这些研究内容构成了体育教学论的学科体系。

## 二、现阶段我国体育教学论存在的困惑与反思

一直以来，国内众多学者对体育教学论的研究都是围绕着体育教学论的科学化这条基本路径展开的。体育教学论科学化的实现，既有学科内在发展的必然逻辑，又有社会发展的外在需求和条件。但是，我们也应该承认，体育教学论要作为一门完整的学科，还存在着一系列不可忽视的问题。

### （一）体育教学论研究的无序化问题

#### 1.体育教学论研究方法存在的问题

从哲学的角度上讲，目前的体育教学论所运用的哲学方法明显地偏重认识论，而且没有充分体现历史辩证法的精神。从我国体育教学论发展的历程可以看到，一百多年来，体育教学理论曾经发生过多次彻底否定与全盘肯定的现象。

体育教学论研究方法的缺失，还表现在对体育教学过程中的认识活动进行机械的、静止的分析，对体育教学过程客观规律的必然性、复杂性缺乏令人信服的论证，结论或要求的主观任意性、强加性比较突出。例如，我们大多数人都已熟悉的体育教学论中的概念：体育教学目标、体育教学原则、体育教学方法、体育教学模式、体育教学策略等大都是从教学论、教育学中演变而来，没有根据体育教学认识论来重新审视或再次抽象概括。

概括地说，当前体育教学论研究方法的缺失主要表现为"双重替代论"和"无为论"。"双重替代论"是指我国体育教学研究的方法论的理论基础来源于教学论，而"教学论的理论基础长期以来只以哲学认识论为唯一理论基础，简单地用哲学认识论公式去套教学过程"。这导致我国的体育教学论研究要么重复别人的话，要么借用别的学科的理论，自己学科独立体系的理论支撑不够。"无为论"是指体育教学论研究者除了移植教学论的研究方法外，在方法论方面再也无所作为，任其自由发展。

#### 2.体育教学论理论构建与实践指向的模糊

从对体育教学论的学科定位分析得知，体育教学论是一门实践性很强的理论型应用学科。这样双重的性质，使得体育教学论面临着双重的困境，一方面是理论研究迟滞，另一方面由于与实践脱节，导致一线体育工作者不满和抱怨。

体育教学论是一门理论学科，首先必须肯定的是，理论学科决定研究者研究

的理论范型，但并不决定其在价值关系上也是理论的。换句话说，理论研究不等于理论本身，否则，只能导致理论的失真。也就是说，在理论研究中，我们不能为理论而理论。在这一问题上，目前我国体育教学论学科的理论构建中普遍能看到"为理论而理论"的影子。很多研究者摒弃理论来自实践的科学精神，一味地沉迷于从教学论"移植"相关的理论知识，并沉浸于教学、教学目标、教学本质、教学模式、教学策略、教学设计转化为体育理论的来回穿梭。这种过分拘泥于理论的研究，往往使研究者注意力分散，置活生生的体育教学现实于不顾，导致体育教学论未能深入研究现实发展与未来展望的问题。

### （二）体育教学论结构与内容存在的问题

对目前我国各师范体育院系比较通用的6本体育教学论教材（龚正伟《体育教学论》、毛振明《体育教学论》、张志勇《体育教学论》、樊临虎《体育教学论》、夏思永《体育教学论》、姚蕾《体育教学论学程》）进行比较分析，来看我国体育教学论学科体系中存在的问题。

#### 1.体育教学论教材结构的比较

（1）共同点

首先，这6本教材都是以体育教学论学科的基本概念和范畴构造教材框架的，主要包括"体育教学""体育教学目标""体育教学过程""体育教学原则""体育教学方法""体育教学模式""体育教学评价"。其次，都试图寻找一种逻辑顺序来编排章节框架。如：张版的《体育教学论》在编写中就提到"在编写过程中，力图体现运用辩证唯物主义的基本观点，运用'三论'的方法以及相关学科的理论作为科学基础，来研究阐明体育教学系统的各种关系"；龚版的《体育教学论》框架则打破常规，把体育教学论分为"体育教学基础论""体育教学系统论""体育教学过程论""体育教学设计论"来编排框架内容。最后，结构体系保持开放性。不管是从体育教学论的发展历程，还是从这6本著作中，我们都可以看出，体育教学论教材的结构框架一直在变化更新。

（2）不同点

首先从总体的篇章构成上来看不尽相同。其中，龚版的和毛版的章节最多，为15章。姚版的为12章，张版的为11章，樊版和夏版的均为10章。其次，教材编排体系的构建方式不同。6本教材的结构布局各有特点，可大致分为两类：

一类是试图用体育教学系统论来规范体育教学论的框架体系；另一类则是试图以体育教学构成因素来解释体育教学现象，构建体育教学论教材体系。

（3）存在的问题

我国体育教学论作为独立学科存在也就短短几年时间，教材的结构框架还处于探索、前进阶段，还存在一些问题。首先，体育教学论的一些基本概念虽趋于明朗，但存在分歧，特别是一些概念、范畴的类型、层次、前后依存关系尚待厘清、反思。其次，体育教学论应该是研究"教"与"学"的理论，应该涉及"教论"与"学论"。然而，纵观这6本教材，只有夏版的体育教学论提到了"体育学习"，而其他教材仅在一些章节中略有涉及。最后，怎样吸收、容纳新的成熟的研究成果，保持教材的开放性，是在已有的框架内将新的成果纳入原有概念之中，还是另设章节，嵌入原有框架，这都是体育教学论研究者所面临的问题。

### 2.体育教学论教材内容的比较

（1）共同点

纵观这6本教材内容，它们虽然从不同角度来阐述体育教学论的理论，但是由体育教学论的任务决定了它的主要内容必定存在一定的共性。首先，体育教学论的学科研究范畴决定了教材内容涵盖了：①体育教学的理论基础，即一般教学理论在体育教学中的运用；②体育教学的操作系统，主要涉及体育教学策略、方法、评价等；③体育教学独特经验的提升与理论概括。其次，从理论内容的编排上也有一定的共性。都是在已有教学理论的基础上进行阐述，并试图有所创新、突破。

（2）不同点

首先，在内容的编排上，大致分为纯理论与理论实践结合型。毛版的教材每章前面有"学习提示"，然后是基本理论的阐述，在阐述过程中如有难懂的知识点，设立了"相关链接"帮助学生学习，每个章节的后面还有思考题。姚版的教材每章的内容由案例开始，从问题入手，引出正文，正文之后是几点思考和本章的小结，最后是待讨论的主题和问题、理论付诸实践的活动和推荐参考文献等几部分组成。而其他版本教材在内容上都倾向于纯理论编排。其次，反映教改实验的方式有别。有的教材将同一改革实验置于教材的不同章节进行述评，有的放在教材开头，有的作为补充材料置于教材后面专章介绍，有的兼而有之。

（3）存在的问题

体育教学论还处于发展阶段，并没有形成成熟的学科，因此体育教学论的学科内容反映到教材体系中也存在一定的问题。首先，反映出来的是体育教学论的教材都是一般教学论理论体系的套用，即人们所熟悉的教学论＝本质规律论＋目的内容论＋过程原则论＋组织形式与方法论＋评价论。这种理论体系，与鲜活的体育教学实践形成了鲜明的反差。其次，目前的体育教学论内容还反映出，体育教学论理论体系未能有效地吸纳当代哲学、教育科学、心理学的最新成果，诸如建构主义理论、现代学习论等，即使引进了新理论，也没有完全吸收，并与体育相融合，致使体育教学论理论的创造性不高。

## 三、我国体育教学论的发展趋势

### （一）重建体育教学论的研究范式

#### 1.体育教学论研究的方法论的客观化

我们认为，我国体育教学论研究的方法论应该以马克思主义哲学基础为中心，以开放的体系批判地吸收其他方法论的精华，来拓宽体育教学论体系构建的理论基础。

#### 2.体育教学论研究方法的多元化

多元化指的是体育教学论的研究大量引进其他学科的新方法，对教学现象进行整体综合研究。体育教学研究方法将出现多元化趋势。因为任何单一的研究方法都难以探求日益复杂的体育教学活动规律。每一种研究方法都有各自的适用范围，同时也有局限性。体育教学论只有博采各种研究方法的长处，克服现有研究方法的缺陷，逐步建立起一个适合本学科特点的、由多种多样研究方法构成的体育教学论研究方法群，才能真正适应教学论未来发展的需要。

首先，对体育教学论认识现象的研究将出现宏观体系的构建与微观机制的分析同时进行。其次，注重定量研究与定性研究的互补与融合。再次，体育教学论的研究方法将会继续借鉴和移植其他学科的研究方法。最后，体育教学论的研究将由重视演绎推理转为归纳概括。体育教学论在建立之初，多用演绎推理研究方法，但是体育教学论要想独立健康发展，不能过分依赖演绎推理，因为上位学科的一般原理无法解决体育教学的特殊实践。

### 3.体育教学论研究模式趋于多样化

首先，由演绎构建学科体系转为关注实践问题的解决。我国体育教学论建立之初就带有学科教学论所共有的特点，就是演绎教学论的学科体系，这是体育教学论建立之初必须走的一个过程，但是作为正在走向成熟的学科，则要摆脱这种研究模式，建立问题研究模式。因此，体育教学论的发展应该立足这些问题，注重理论研究与实践研究的结合。其次，体育教学论研究出现以学为中心的研究转换。通过对体育教学的反思，我们发现在教学过程中体育教师忽视了学生的"学"，过分重视教师的"教"。因此，最近一次的基础教育课程改革中明确提出了"我们的教学要以学生的学习为主体"的观点。这就要求我们转变原来只注重"教"的理论的研究，进而转向以"学"为中心，构建"教""学"并重的研究模式。

### 4.体育教学论研究方式趋于合作化

首先，体育教学论的研究手段出现合作化。体育教学论和其他学科相融合，利用其他学科的研究方法和手段。其次，体育教学论研究者之间出现合作化趋势。高校体育院系之间，形成体育教学论研究中心，并定期召开交流会。再次，中小学教师的定期评课与交流。最后，高校教学论专家与一线中小学教师的纵向交流也是体育教学论研究合作化的标志。

### （二）体育教学论学科体系更加科学化

### 1.体育教学论学科的逻辑结构趋于科学化

"学科"必须在一定程度上反映"科学"的结构。"学科"的内容不是片断的、枝节的知识集合体。"学科"不能没有逻辑，而且"学科"的逻辑应依存于"科学"的逻辑。就是说，科学的逻辑框架在相当长时期内是相对稳定的，"学科"的内容应当依据这一框架加以厘定。英国教育学家穆尔在《教育理论的结构》一书中指出："一种教育理论是一种逻辑上复杂的结构，可以用大量不同的方法加以评价。就它包含经验判断而言，它要受有关的经验事实的检查；就它包含价值判断而言，它易受到各种哲学论点的责难；就它是一种论点而言，它要受内部的一致性的检验。假如某种教育理论经不起其中任何一方面的检验，人们就不会用它来指导教育实践。"由此可以看出，理解一种教育理论如体育教学论的逻辑结构是十分重要的。

　　要研究体育教学论的学科逻辑结构，我们还要关注其学科性质，因为不同学科性质的体育教学论就有不同的逻辑结构。我们知道学科可分为理论学科和应用学科，而前面我们把体育教学论学科定位到融理论与应用为一体的综合学科。作为综合学科，那么它既要包含"描述—解释"的理论，又要包含"构想—规范"的理论。根据穆尔的观点，教育理论是一种实践性理论，它与描述性理论、解释性理论在结构上有很大不同。实践性理论开始于另一种假定，"事情的某种可能状态应该是这样的，而且要达到某种所希望的目的""一种实践性理论必须始于目的或目标。然后人们必须确定，在既定的环境中，什么是实现这个所希望的目的的最佳手段……""一种实践性的理论主要由一套有各种理由支持的建议组成"。因此，体育教学论的学科逻辑结构应该趋向于：在对体育教学论"描述—解释"的基础上，即对体育教学论相关概念、发展历程等的描述解释的基础上，对体育教学实践理论遵循目标假定、对象假定、内容和方法假定的逻辑顺序进行阐述，这就构成了体育教学论的逻辑体系。

### 2. 体育教学论教材趋于理性化

　　作为体育教学论学科体系直接的反映，体育教学论的教材体系发展呈现出理性化发展趋势。教材体系不仅从严格的逻辑出发组织教材内容，构建教材结构，强调教材的逻辑性，注重理性分析，力求把教学论知识囊括在严密的逻辑框架之内，而且兼顾到了教材编写的规范。

　　（1）体育教学论教材内容的逻辑结构趋于科学化

　　体育教学论教材内容的编排逻辑一直是困扰体育教学论研究者的问题，本研究认为，只有找到科学的逻辑线索才能解决这个问题。分析起来，"体育教学论"知识大致包括三方面：一是静态的"形而上学"知识；二是体育教学进程的动态知识；三是体育教学发展过程的动态知识。可以设想把这三者有机结合起来形成立体动态逻辑结构线索。本研究认为，可以用"教学问题"作为"体育教学论"的内容选择和组织的基本线索，因为体育教学问题既是作为科学问题提出来的，又是由我们在掌握已有的体育教学论知识时整理总结出来的，实质上它们内在地统一了体育教学研究者的思维逻辑和学习者的认知逻辑。

　　对于体育教学实践，我们首先要面对：①什么是体育教学？体育教学作为一种教学现象和其他的教学现象是否一样，是否有自己独特的特点？它的回答是肯定的。②为什么进行体育教学？这是体育教学目的和目标问题。没有教学目标的教学就不能称之为有目的、有计划的教学活动，体育教学目标是教师掌握教学的依据，没有目标也就没有了体育教学。③体育教学为谁组织、是谁组织的？这个问题是教学论中出现很早的问题，学生和教师的矛盾，组成了学与教的主要矛盾。他们的关系与地位问题一直是教学论者热衷于讨论的问题。④体育教学教些什么？这是关于教学内容的问题，我们组织起来的教学活动不是海市蜃楼，而是有实体教学内容的。这是所有教学现象的一个共性。⑤怎么实现最好的体育教学？这是体育教学方法问题。教学方法是教师根据教学目标和学生的学习情况所选择的有效的教学手段，教学方法选择的好坏关乎教学的"质量"和"效率"。⑥体育教学教得怎么样？这是体育教学评价的问题。不仅考查教师教学的情况，同时也考查学生学习的情况。这6个问题是体育教学论领域一贯关注的问题。随着学科的发展虽然也有其他的一些新问题出现，但是这6个是主要问题。

根据前文所述的体育教学论学科的逻辑，目标假定、对象假定、内容和方法假定的逻辑思路，结合"教学问题"作为内在的逻辑线索，并考虑到科学研究一般遵循从特殊到一般、从具体到抽象的归纳逻辑，具有长期性，而学生学习过程则普遍遵循从一般到个别、从抽象到具体的演绎逻辑，教材应当遵循学生学习过程的规律。所以，本研究认为，"体育教学论"的基本内容及其结构应该是四个部分的顺序排列：第一部分，绪论；第二部分，体育教学论原理，包括"体育教学主体与主导""体育教学系统"和"体育教学内容"等；第三部分，教学方法论，由"体育教学目标""体育教学原则""体育教学媒体""体育教学方法""体育教学模式""体育教学组织形式"和"体育教学评价"等七方面内容构成；第四部分，体育教学研究。

（2）与教材编撰原则紧密联系来编写教材

传统教材观下编写的教材版本，既限制了学生的学习，又限制了教师的教授，已受到很多学者的质疑。同时，我国从事出版工作的一些学者在与国外教材编写方法对比研究的基础上也看到了我国教材编写原则的不足，并提出了教材编写的一些改革措施。教材编写改革已经是一种趋势。因此，我国体育教学论教材的编写工作应适应教材编写的改革趋势，除遵守教材编写的一般规范，还应该把教材编撰原则的发展趋势纳入其中。①在编撰原则上应遵循：多元化视角——教材应有清晰的逻辑结构，以不同的视角来解析教材的逻辑；国际化视角——在编写教材时，应参考借鉴国外相关学科的经验；密切联系实际——引导学生掌握解决实际问题的途径和方法；遵循学习和认知规律——教材的编写应重视学生自学能力和理解能力的培养，教材应多采用大量的例证。②在教材设计与编排方面：前言或序言——不仅要介绍该书的特点、特色、再版时增补的具体内容和原因等，还要向读者交代该书的使用方法，有哪些教学和学习资料等；目录——除正常的目录外，还可提供详细目录、图表目录或专题目录；参考文献——可以设计成引导学生进一步阅读的导读书目，且书目的编排也应注重方式。

### 3.体育教学论学科内容整合化

现阶段，体育教学论学科内容的整合主要表现在体育教学理论研究成果的整合、体育教学论与课程论的整合、体育教学论与学习理论的整合这三个方面。

（1）体育教学理论研究成果的整合

它包含两层意思：第一，已有内容的整合。从前文的研究中我们知道，体育教学论在20世纪末出现了飞速发展，特别是在成为独立学科之后，其学科内容迅速得到充实。但从6本教材对比中，我们可以看出，体育教学论的学科内容反映在教材中，出现了总结、综合前人或他人研究成果时，概括层次不高，未能有机地纳入自己的体系。有的甚至给人以拼凑之感，材料堆积现象严重。这种现象已经得到学者的重视，近年来的体育教学论教材都在努力对原有的内容进行整合。第二，对新出现的体育教学理论的整合。随着学校体育的快速发展，体育教学理论日新月异。体育教学论作为一个开放的学科，学科的内容在不断地吸收、改造这些研究成果的同时，也在进一步提高抽象、概括水平，努力追求学科内容的整合。

（2）体育教学论与课程论的整合

我国基础教育正进行着新一轮课程改革，新课程要求教学的"动态化""人性化""探究性"，同时从课程目标、课程内容、学习方式、课程资源等方面提出了全新的理念，使得体育教学论在处理教学实践时遇到很多新问题。如，《全日制普通高级中学体育与健康课程标准》中把课程目标分为五个领域，那么我们在进行体育教学时，就需要思考采用什么样的教学方法、手段，运用什么教学内容来完成目标。此外，随着课程论研究的深入，课程结构已突破了以往单一的学科课程的格局，课程形态日益多样化，潜在课程、综合课程、活动课程进入人们的视野。体育教学论作为培养体育教师、研究教学理论的学科，只有整合课程论的研究内容，才能满足自身体系发展的需要。

（3）体育教学论与学习理论的整合

随着体育教育研究的发展,体育学习理论逐步引起了体育教育研究者的重视。就传统的体育教学论而言,都是注重教师"教"的理论,而学生"学"的理论要么只字未提,要么一笔带过。在诸多的教学论著作和刊物中都能看到对这种现象的批评,但批评多于行动。然而,学习理论不管对指导普通文化教学还是体育教学都起着至关重要的作用。特别是新课程改革,它要求我们的教学要以学生的学习为主体,要求教师不仅要知道怎么教,而且还要了解学生的"学"到底是一个什么过程。换句话说,就是不仅要知道教学理论的知识,还要知道学习理论的知识,更要能够把教学理论与学习理论密切联系起来应用于实践。因为我们只有了解了学生的学习到底是一个什么过程,才能更好地对他们实施教学,所以把体育教学理论与学习理论整合是很有必要的。

此外,各流派的学习理论家都纷纷提出了对体育教学具有指导价值的教学方法和学习方法,比如斯金纳的程序教学、班杜拉的观察学习、布鲁纳的发现学习、奥苏贝尔的认知—接受学习以及体育中的特殊动作学习等。虽然这些教学方法和学习方法很多体育教师在运用,也有些体育教学论教材对这些方法有所解释,但是大多数都只局限于方法的诠释,很少会对其真正的原理进行讲解。而本研究认为要想对某种教学方法或学习方法运用得恰到好处,了解其发生和工作的原理是很必要的,而学习理论正好可以解决这一问题。所以,从体育教学的自身发展来讲,与学习理论整合不仅可以使理论更严谨,也能使其更完善。

# 第二节　体育教学实践论

## 一、体育教学论课程开展实践教学的必要性分析

我们深知，作为学科教学论之一，体育教学论在体育教育人才培养方面承担着不可替代的责任。然而内容的传授却需要以适当形式的表达为基础，无论是对于学科教学论的母学科——课程与教学论，还是对于学科教学论，都具有一个共同的特点，即都倾向于认为教学论本身就是一门兼具理论性与实践性的课程。

唯物辩证法认为事物的变化发展是内因和外因共同作用的结果，内因是事物变化发展的根据，外因是事物变化发展的条件，外因通过内因起作用。内因和外因的辩证关系具有深刻的实践意义。

### （一）课程教学内部因素影响

在影响课程性质的内部因素中，课程观和课程知识观这两个不同层次的教育理念起着主要的作用。

### 1.体育课程观

众所周知，课程作为一个独立的研究领域，时至今日仍然缺乏一个普遍认同的关于课程的定义。

无论人们对于课程如何定义，一个基本的事实是：每一种有代表性的课程定义都有一定的指向性，即都是指向当时社会历史条件下课程所出现的问题……每一种课程定义都隐含着作者的一些哲学假设和价值取向。我们认为这些哲学假设和价值取向的不同也反映了课程观的不同。课程观是课程的灵魂，所以不同的课程观最终也必然会导致不同的课程实践。

传统的课程理论学者把课程观归结为我们熟悉的三类，即社会本位课程观、知识本位课程观、个人本位课程观。在学校体育课程领域，体育课程观被划分为重视体育人文教化作用的人文主义体育课程观和重视体育强身健体作用的科学主

义体育课程观，随着这两种体育课程观的融合从而逐渐形成全新的以理解为基础的体育课程观。

以理解为基础的体育课程观包括以下几方面的内涵：①学生是体育课程的主体。一方面，学生的现实生活是体育课程的依据；另一方面，从深层次上看，学生创造着课程，不应把体育课程及教材看作是学生必须毫无保留地完全接受的对象，而应发挥学生对体育课程的批判能力和建构能力。②"生活世界"是体育课程内容的范围。③体育课程是学生通过反思性、创造性实践而建构人生意义的活动。④体育课程的学习活动方式以理解、体验、反思、探究和创造为根本。⑤教师和学生不是体育课程的简单执行者，而是体育课程的创生者。以理解为基础的体育课程观追求的是人的更加自由和全面发展，它关心的不仅是真，还有善和美，表达了从人文科学的知识向人生意义与世界经验转换的理念。

近年来，随着教学改革的不断发展，追求生成性教学及构建生命课堂等教学理念也逐渐进入我国广大教育工作者的视野。作为体育教育人才培养主干课程之一的体育教学论，在以理解为基础的体育课程观的关照下，应当更加注重课程的教育意义，以人为本，培养德才兼备的体育教育人才。

### 2.体育课程知识观

在学校教育中，课程是知识的载体，知识的性质及存在状态也将对课程教学产生深远的影响。课程教学总是要以一定的知识传授为基础，然而生活世界中的知识并不是各自孤立的，而是出于具体的教学情境中的。从这个意义上说，课程知识领域可以分离出两种课程知识观：认识关系取向的课程知识观和意义关系取向的课程知识观。

认识关系取向的课程知识观倾向于把课程知识与儿童之间的基本关系框定为认识与被认识的关系。其潜在的含义是，课程知识被看作一种外在于人的认识性存在，也是供儿童认识、掌握的对象，儿童在教师的指导下获得真切的认识，从而提高认识能力和改造世界的能力。认识关系取向的课程知识观对当下的知识分类产生了深远的影响，特别是在陈述性知识和程序性知识的研究方面。

进入21世纪，课程知识观实现了从认识取向向意义取向的范式转换。意义取向的课程知识观不仅关注知识的认识价值，更注重把知识的意义性纳入自己的视野中，充分挖掘知识对儿童精神生命成长的"教化"价值，更加关照儿童的精神生活。在意义关系取向的课程知识观视野，课程知识的价值一方面不仅在于提高认识和发展能力，更在于促进儿童对生活真义的体验，并使之成为儿童成长的精神养料；另一方面，不仅使儿童在课程知识的学习中超越自我，更能回归自我，从而实现自我在两个不同世界的真正融合，"最终使个体的经验世界与社会共有的'精神文化世界'在沟通和对话中实现创造性的相互转化"。

意义关系取向的课程知识观表明，儿童与课程知识之间的关系并不只对课程知识本身的"占有"，而是要深入到儿童的精神世界，实现对儿童心灵的对话和关照。

综上所述，在新的课程观和课程知识观的指引下，课程实现了功能的转变，即由知识的承载者变成知识与人"相遇"的可能情境，意义关系取向的课程知识观下的知识也实现了"主体性存在"。在此种情况下，课程教学理所当然要秉承实践的教学理念。

### （二）课程教学外部因素

#### 1.21世纪国际教育理念的变革

随着教育改革的发展，以人为本的教育思想越来越引起广大教育工作者的重视。同时，一些突出这一教学思想和理论的研究也逐渐浮出水面，主要体现在课堂上对学生主体性的重视和学生学习观的转变。

一直以来，我国传统课堂教学都没有跳出"大框架"，即仍然把教学活动的性质框定在"特殊认识活动"范围内的教学观。课堂教学过程忽视了人的因素，教师把丰富复杂、变动不安的课堂教学过程简括为特殊的认识活动。而传统教学方法的主要方式是注入式传授，实际上是知识灌输，重视大运动量的练习、作业，流于机械训练，学生面对的是教师的权威控制和教材的"话语霸权"，其学习方式就是死记硬背和交叉式的练习，在这种情况下，学生的学习根本无主体性可言。

面对上述情况，我们必须突破"特殊认识活动论"的传统框架，从更高的层次，用动态生成的观念，重新全面地认识课堂教学，构建新的课堂教学观，让课堂焕发出生命原有的活力。

随着教育改革的发展，人本教育思想逐渐发展成为生命教育理论。在生命教育理论看来，教育是"为了人们生命质量的提高而进行的一种社会活动"，教学过程"不仅是分门别类知识的增长，而且是具有生命活动的人的生成"过程，强调课堂教学应当是一种生命活动。要使传统的课堂教学转变为生命课堂，需要我们改变课堂教学只关注教案的片面观念，树立课堂教学应形成师生共同参与、相互作用、创造性地实现教学目标与过程的新观念。

此外，学习方式是当代教育理论研究中的另一个重要概念。目前学术界对它的解释并不完全一样，大多数学者认为，学习方式是指学生在完成学习任务时基本的行为和认知、情感的取向。学习方式是一个组合概念，是指学生在教学活动中的行为参与、认知参与和情感参与方式的有机结合，其中学生的行为参与是载体，认知与情感因素表达了学习方式的实质内涵。学生学习方式的改变，意味着要改变学生的学习态度、学习意识和学习习惯与品质，它们的共同点是让学生成为学习活动的主体，而教师更多地成为学生学习活动的引导者、促进者、组织者和合作者。

### 2. 我国基础教育课程改革的发展

2001 年 6 月，教育部印发了《基础教育改革纲要（试行）》，对基础教育课程目标、课程评价、课程管理、教师的培养和培训及课程改革的组织与实施等九个方面实行改革，构建符合素质教育要求的新的基础教育课程体系。新课程改革带来了全新的教育理念，也带来了全新的挑战。新课标强调教学是教与学的交往、互动，师生双方互相交流、相互启发、相互沟通、相互补充的过程。在这个过程中，教师与学生分享彼此的思考、经验和知识，交流彼此的情感、体验与观念，教师不再是简单的知识传授者，而是通过与学生的对话施教；学生也不再是机械的知识接受者。另外，教师在体育教学活动中要特别注意学生在学习活动中的主体地位，注重学生学习方式的转变，提高学生的创新能力和学习能力。

基础教育课程改革的发展，迫切要求高等师范院校转变教学理念，实现高等师范专业人才培养与基础教育课程改革的接轨。但我们面临的现实情况是，在体育教师教育领域，体育学科教学论是学生的一门专业必修课，它是由传统"中学体育教材教法"演变而来的。由于此门学科形成较晚，加之长期以来存在的有关课程属性、课程功能等方面的误区，其发展已远远滞后于当代基础教育改革的实践，既不利于学科自身的发展，更无法满足市场经济社会发展的需求。针对这种情况，我们认为应该改进高校教学方式，将知识的学术形态转变为教育形态。

### 3. 我国师范教育向教师教育的转变

在我国，"教师教育"这一概念是在 2001 年 5 月国务院《关于基础教育改革与发展的决定》中提出来的，它有别于过去侧重职前教育的师范教育，包含了职前教育和职后教育两个部分，强调教师的专业发展与终身学习。师范教育是专注职前培养，重学科专业知识的教育。教师教育重点是学科专业知识与教师从教能力并重的一体化的师资教育体系。师范教育向教师教育的转型是我国师资培养体系的必然选择。

学科教学论作为高等师范院校师范专业本科生的必修课程，其学科定位至今仍不甚明确。随着传统的师范教育体制被教师教育一体化所取代，作为教师教育的一门重要课程，学科教学论的地位和作用也将发生变化。过去，由于受传统的师范教育体系的限制，学科教学论在高等师范院校虽然作为一门课程开设，但与教师整个职业生涯是隔断的，其功能也没有得到充分发挥。教师教育走向一体化之后，原有的教师培训格局发生了变化。学科教学论作为教师教育的一门重要课程，不仅要承担职前教师培养的任务，而且还要参与教师在职教育和继续教育，其任务不断拓展。换句话说，在教师专业成长的背景下，学科教学论课程已不再是教师接受专业教育的终点，而是渗透到教师教育的全过程，但并不意味着不需要积累实践经验。国外有学者指出，教学经验是教师专业成长的决定性因素，即使在职前教育阶段，教师质量也极大地依赖于其职前教育经验的质量。

## 二、体育教学论课程开展实践教学的标准

### （一）课程实践教学是手脑并用的过程

实践教学包含一定的实践形式，而这种实践形式的目的在于给予学生一定的直接经验。因为直接经验是一切学习的基础。正如陶行知先生所说"亲知是一切知识的基础。没有亲知做基础，闻知和说知皆不可能"。在《体育教学论》的教学中，仅凭教师的讲授远远不能达到实践的要求，因为学生的差异是各方面的，既有当下理解上的差异，也有个体既往经验上的差异。

没有一定的实践做基础，学生不仅很难建构起自己对于教学的兴趣，而且在相互交流上也缺少共同的话题基础。实践，为学生以后知识的"嫁接"提供了基础和条件。实践不仅包含一定的形式，更需要内容充实。内容的充实体现在实践教学过程中学生认知能力的发展及精神生命的成长上。如果实践的过程没有触动学生的内心，而只是在形式上符合实践的样式，那么这样的实践不能称之为真正的实践，这样的实践教学也不能称之为真正的实践教学。在我们的体育教学论实

践教学中，可以明显地发现学生的问题意识逐渐显现。

## （二）课程实践教学是师生共同成长的过程

我们的实践教学既然秉承了陶行知先生"做中学"的教育理念，当然应该注重在"做"上下功夫，我们的做不仅是学生的做，而且是教师的做。陶行知先生认为："在做上教的是先生；在做上学的是学生。从先生对学生的关系说，做便是教；从学生对先生的关系说，做便是学。先生拿做来教，乃是真教；学生拿做来学，方是实学。"此话不无道理。首先，从教师形象上来说，这种教学使教师从高高的讲台走向实践之中，改变了传统的三个中心——"教师为中心""教材为中心""课堂教学为中心"的格局，为教学改革提供了新的思路。其次，从师生关系上来说，这种师生共同实践的教学过程打破了传统的教师与学生对立的格局，在交流与互动中改变了学生对于教师"可敬不可亲"的认知，从而为学生今后的教学实践树立了良好的榜样。最后，因为实践教学的环境是不断变化的，对于教师来说，新的学生、不断变化的环境条件和要求，必定需要教师不断去适应、改革、创新。

## （三）课程实践教学是实践智慧生成的过程

与传统的实践教学相比，在"做中学"理念指导下的实践教学更能实现对隐性教学内容的学习。课程专家施良方先生认为："隐性课程为学校情境中以间接的、内隐的方式呈现的课程；显性课程为学校情境中以直接的、明显的方式呈现的课程。"而郭晓明先生提出课程不是知识本身，而是学习者与课程知识"相遇"的"知识环境"。从两位专家的论述中我们不难发现，课程知识的教学始终离不开"情境"，正是在相关情境的共同作用下学生实现了对知识的理解与建构。

通过实践教学，学生的态度与价值观发生了明显的改变。叶澜教授认为，把丰富复杂、变动不安的课堂教学过程概括为特殊的认识活动，把它从整体的生命活动中抽象、隔离出来，是传统课堂教学观的最基本缺陷。而真正的实践教学却改变了这种传统的课堂教学模式，实现了人的全面发展。

综上所述，我们认为实践教学的标准至少应该具备以下几个方面的要求：在教学过程中具有真正的实践品质，在师生关系上体现出师生共同成长，在教学的成效上不仅注重知识与技能的掌握，更注重过程与方法的运用以及情感态度与价值观的培养。

## 三、体育教学论课程开展实践教学的概况

### (一)实践教学取得的经验

体育教学论教师普遍意识到实践教学的重要性。在实际教学中，因地制宜地采取了多种实践教学方法，例如案例教学、观摩教学、微格教学等，但是在课程的教学过程中，教师的教学方式却完全是"教师理论讲授为主，实践教学为辅"，在这种情况下，实践很难摆脱作为理论附庸的地位。对于学生来说，体育教学论知识不是自己建构的，而主要是靠教师讲授的。虽然有些教师认识到实践教学的必要性，但限于课时不足或碍于教学条件等，实践教学不能顺利开展。

### (二)实践教学存在的问题

为了能更加清晰地显示这些问题，我们试图将文化的概念引入学科教学论实践教学之中，即从教学文化的视角来审视当前体育教学论课程在实践教学中面临的一些问题。广义的文化可以分为三个层面：精神层面、制度层面和物质层面。从这三个层面审视当前的实践教学，有助于我们更加清楚地认识当前存在的问题。

#### 1. 精神层面——对课程实践教学理念的误读

任何教育理念最终必须在教学的改革中得以落实，而有效的教学改革不仅仅是技术层面上的方法改革，精神与观念层面的教学文化的改革乃是教学改革的深层支撑因素。实践真义的缺失和忽视创新精神的培养无疑是实践教学理念误读的具体表现。

首先，实践教学是培养学生实践知识、实践能力、综合素质的实践智慧的获得过程。实践教学对学生的知、情、意、行等各方面进行全面的培养。但是，从我们的问卷调查以及文献资料中掌握的一些情况来看，在纯理性主义和功利主义的驱使下，"知"有明显被放大的倾向，知识的获得异化成了最终的学习目的。教师上课教知识点，学生记知识点，考试考知识点成了司空见惯的事情。在我们的调查中也显示，75%的教师在课程考核时偏重理论方面，教学对学生情感和意志品质的培养乏人问津。这种情况下的教学，缺少情感和意志支撑的"行"难以走远；学生在无意间成了知识的载体，哲学意义上的"人"不见了。

其次，实践教学忽视学生创新精神的培养。在学校教学过程中，对学生创新精神的培养，是学校教育不可推卸的责任。而作为未来教师培养机构的师范教育，

师范生创新精神的培养更是其应有之意，并且实践教学并不排斥创新精神的培养。相反，我们认为两者之间是互为促进的关系。但是有资料表明，目前"学科教学论"的教学绝大多数仍沿用最传统的教学方式，"一支粉笔一张嘴"，教师一人唱着独角戏，学生学习方式单一，没有经历过自主学习、探究式学习的过程。还有研究提出：在"学科教学论"中，实践教学只是零星地、随机地采用为数极少的试讲、见习、教育实习等方法去培养和训练师范生，除教育实习外，其他的实践方法都未能作为必须和稳定的模式加以强调和完善。这种情况的存在将严重影响学生的创新思维的成长。

### 2.制度层面——课程实践教学约束机制的缺失

没有规矩，不成方圆。对于体育教学论课程的实践教学来说，在实践理念的指引下，还应具备相应的制度保障，从而为实践教学的规范、高效开展提供制度保障。但在我们的调查中却发现，现实中的实践教学并不像想象中的那样能够规范开展。单在班级教学人数方面，最多的班级达到七十多人；而在课时保障方面，有些学校每周仅有 4 课时的实践教学时间。

### 3.物质层面——课程实践教学物质保障的缺乏

在实践教学的物质方面，突出的问题体现在以下几个方面：

首先，实践教学器材缺乏，开展微格教学、多媒体教学的设备不足。多媒体教学设备的运用使得教学更加生动逼真，提高学生学习积极性的同时，也可带来课堂教学效果的提高。但是从现实情况看来，很多学校还没有配置相应的教学资源，即使有，也因为数量不足或其他各种原因无法正常使用。

其次，教学实践基地建设乏力。教学实践基地一般可分为校内和校外两种，它们对于培养学生理论联系实际以及独立地分析与解决问题的能力，进而对学生的创新精神和创新意识的培养有着不可替代的作用。由于各种原因，即使是作为专业教育实习的实践教学基地，其建设也经常被忽视，这种现象造成的直接结果是教学质量得不到保障。

最后，相关教学师资队伍建设滞后。由于受到传统教学观念的影响，一方面，高师课程实践教学的准备不足，导致实践教学师资队伍缺乏；另一方面，由于各种原因，体育教学论教师对课程开展实践教学的方式与方法并不得心应手，从而使实践教学效果大打折扣。

### （三）实践教学问题出现的原因

当前我国体育教学论实践教学中出现的上述问题，既有客观原因，也有主观原因。但我们知道人是具有主观能动性的，客观的物质环境可能一时无法改变，但教学理念的更新和制度建设却是可以实现与时俱进的。

那么一旦教师树立正确的实践教学理念，主要问题将是如何从制度上保障长期坚持实践教学的问题。我们认为，要改变当前体育教学论实践教学面临的窘境，最好的办法就是构建课程实践教学体系，从而改变当前体育教学论教学中面临的种种问题。

首先，对于体育教学论这门课程来说，这种实践教学体系的构建，打破了原来传统的理论教学体系"一统天下"的局面。一直以来，在教学活动中，理论教学与实践教学孰轻孰重一直是颇受争议的问题。由于受理性主义的驱使，在实际的教学情境中，实践教学多是围绕理论教学展开，扮演检验或验证理论的工具角色，在体育教学论课程教学中，这种现象可能更为严重。而我们着力构建的实践教学体系更加强调与理论教学体系的相互融合，缩小教育理论与实践之间的差距，使两者真正走向统一。

其次，对于高等师范院校的整体教学来说，一门课程实践教学体系的构建，也是学校教学体系重构的重要途径。系统观强调，系统的结构决定其功能。我们看到，20世纪80年代以来，我国普通高校体育教育专业学科类与术科类课程比例经过4次调整，总体趋势是学时的变化。而系统观下的实践教学体系是在实践理念指导下的有目的的活动，它要求对课程教学中的教育理念和教育活动经验进行梳理和整合。这种以实践为导向的教学体系，并非单纯的以增加实践教学的课时量来实现，而是追求教学价值观、师生观以及知识观等的整体变革。

## 四、体育教学论课程实践教学体系的构建

### （一）实践教学体系构建的总体设想

虽然现在关于体育教学论学科体系的研究正逐步成熟，在不久的将来体现新的学科体系思想的《体育教学论》教材也将出版，但合理的内容仍需要适当的形式作为表达。实践教学体系的构建是保证体育教学论教学目标顺利达成的重要条件。我们试图在体育教学论模块教学主导思想下，从两个方面开展实践教学。

在体育教学论实践教学体系的构建方面，我们认为首先需要明确的是教材观

的问题。钟启泉先生将教材观分为目的型和手段型两种类型，认为"目的型的教材观从教师的角度出发，把作为学科内容的教材视为完成教学任务的决定性手段；手段型的教材观则把儿童借助教材的作用而产生的主体方面能力的变化视为教材的作用"。从学科教学的角度来看，处理教材的方式大体有以下三种：第一种是教师教教材，学生学教材；第二种是教师用教材教，学生用教材学；第三种是教师不用教材教。对于前两种对待教材的方式，可以反映出两种截然不同的教学观。第一种在观念上把教材奉为圭臬，是一种教书匠的态度，属于目的型教材观；第二种视教材为重要的教学载体和资源，持一种研究者的态度，属于手段型的教材观。在关于体育教材的新特点的研究中，有研究者提出，"体育教材的编制为体育教师创造性地开展体育教学活动留有余地，体育教材被定位为一种重要的课程资源，不能简单地当作教条来教"。

从"教教材"到"用教材"，宏观的观念转变为我们的教学做出了重要选择，但是在具体的层面上，在体育教学论的教材使用上同样面临着多种选择，我们认为，具体的课程教学模块的确立和针对不同模块的教法选择息息相关。

**（二）课程教学模块的确定**

在本科体育教学论的实践教学体系的构建中，我们认为在延续当前教材主体内容不变的情况下，重新构建课程内容体系，例如将课程内容分为理论性教学内容和实践性教学内容两部分，从而在实践教学方法的选用上有更多的选择余地。

反观当前广大学者对于体育教学论的研究，将课程的实践教学分为体育理论篇的实践教学和应用教学论内容篇的实践教学两大部分。而在两部分的教学方式选择上也采取各不相同的策略。

**（三）"问题取向"的理论篇教学内容实践教学体系设计**

所谓"问题取向"研究，是以问题为核心的研究模式，其主要目的不是学科知识的积累或完善，也不是建立新的学科，而是为增进、更新、深化和拓展对特定问题的认识，从而有助于人们了解、评价该问题，并有助于解决该问题。

**1. 在问题的设置方面**

"问题取向"的教学模式中的"问题"含义是多重的。它涉及这一问题的研究现状、不足及困难，但主要目的在于使学生产生疑惑。"问题"的层次也倾向于多重设置，可以是体育教学中一些宏观的教育理论问题，也可以是中观层面或微观层面的问题。问题设置的关键在于能引起学生的疑虑，并且是有意义的问题，从而激发学生主动挑战的热情。

**2. 在问题的解决方面**

解决问题必须借助于各个相关学科的研究成果，运用多学科有机结合进行研究，从而有助于打破各个学科的封闭状态，使教学始终处于自我发展与更新的过程之中。

**3. 在具体的教学实施中**

（1）把教材理论问题放在我国基础教育实践过程中来阐述

当今世界的竞争归根结底是人才的竞争，而现在的基础教育是培养未来人才的重要方法，中小学生健康水平关系到我国未来的发展水平。我国第八次基础教育课程改革提出了"健康第一"的指导思想，而在课堂讲授中，这些理念及思想很少能真正触动学生的内心。如果将这些理念及思想以问题的形式提出来，给予学生实践的机会，让他们主动去观察、见习、比较，当他们再次回到课堂，参与到教师的讲课之中，无疑会对所学的理论及思想产生更加深刻的理解。

（2）以专题讲座为主导的课程重点难点教学

体育教学论的教学内容十分丰富。当前各师范院校通用的《体育教学论》教材有17章内容，而《体育教学论内容体系优化与完善》中也列出了14章教学内容，再加上外出参加教育实践活动等，教学时间安排上会显得严重不足。针对这种情况，一方面，教师在上课时对每一章节的教学内容采取"以点带面"的方法，以专题的形式，讲解重点和难点问题。另一方面，可以请专家开展讲座，使学生从专家的经验中汲取思想精华。专家的讲座一般都是学生们关心的热点问题，专家们以其研究或管理专长的视角，对问题的分析和阐述，是教师和书本上所不具备的，现实性强，感染力也强。我们认为这种方式不仅有利于引导学生思考问题，而且有利于激发学生的创新思维和使命感。

（3）以集体研讨为中心的热点问题探讨

在体育教学论教学中，对学生们关心的热点问题，在设立专题讲授的同时，选择有代表性又易于引导学生思考的问题进行研讨式教学。一般来说，可以采取两种形式：以学生为主体的课堂讨论和师生交互式的课堂讨论。课堂讨论要注重实效，必须在讨论前布置问题与要求，让学生有充分的时间去查找可参考的资料。

另外，每次课堂结束及问题探讨结束，教师要进行归纳总结。这样做，易于激发学生自主学习和参与教学过程，鼓励他们敢于积极思考和表达自己的意见，培养他们开拓创新、奋发进取的精神。

### （四）"任务驱动"的应用篇内容实践教学体系设计

#### 1. "任务驱动"教学法发展概述

"任务驱动"教学法也称任务驱动教学模式或任务型教学法，它源于 20 世纪 80 年代，是当时外语教学法研究者和第二语言习得研究者在大量研究和实践的基础上提出来的建立在建构主义教学理论基础上的一种有重要影响的学习理论。所谓"任务驱动"，就是教师将要学习的新知识隐含在一个或几个任务之中，学生通过对任务进行分析、讨论，明确任务涉及的知识，找出新旧知识间的联系，在教师的指导、帮助下完成任务，实现对所学知识的意义建构。一直以来，随着探究的不断增多，任务驱动教学法也不断走向成熟。特别是自 2005 年以来，任务驱动教学法逐渐成为英语教学和职业教学研究的热点，人们对其认识也更加全面和深入。

#### 2. 应用篇教学内容采取任务教学法的可行性

体育教学论是高等院校本科体育教育专业的一门专业主干课程，具有很强的应用性，也是一门实践性很强的课程。它要求学生通过该课程的学习，了解基础教育课程改革的基本精神，把握基础教育改革的基本理念，了解体育教学基础知识，掌握体育教学研究和教学设计的一般理论，逐步树立正确的体育教学研究和教学设计观，全面理解体育教学模式与评价方法，提高学生运用评价方法进行科学合理评价的能力。

在传统的课程观和知识观的影响下，课程教学表现出以教师为中心、以教材为中心、以课堂为中心的教学方式。这种传统"填鸭式"的教学方式，往往是以教师为主体，学生虽然也被称作"主体"，但是始终处于被动状态，不利于各种专业技能的掌握，最终也难以培养出富有实践能力和创新精神的未来体育教育工作者。在新的课程观和课程知识观的指引下，课程成为学生与知识相遇的可能情境，而且知识也具有了主体性，此时的教学应该且必须走向全面发展，走向交往与互动，走向开放与生成。而任务驱动教学法正体现了这一发展趋势。

总的来看，虽然"任务驱动"教学法的历史并不很长，运用领域窄，但它却是一种适合体育教学论的教学方法，是培养学生自主学习能力和独立分析、解决问题能力的一种"授之以渔"的方法。它不仅能真正实现技能和知识相结合，而且对于隐性体育教学内容的学习、掌握也大有裨益。

### 3."任务驱动"《体育教学论》应用篇实践教学体系的设计

（1）教学目标

《体育教学论》应用篇实践教学的目标至少包括三个层面。在宏观层面上，培养人的认知、情感和意志品质等，并使其达到有机结合，达到完整意义上的人的教育。在中观层面上，培养教学智慧和创新精神，培养富有创新精神的体育教育人才。在微观层面上，突出对学生教学的思维和教学操作能力的培养两个方面。具体而言，应该涵盖体育教师基本素质要求，包括逻辑思维能力、口头表达能力、书面表达能力、资料查找能力、多媒体运用能力以及团队合作意识等一般教师教学能力和体育教师特有的教学示范、教学组织能力等。

（2）教学形式

"任务驱动"的《体育教学论》应用篇实践教学是建立在教学分组的基础之上的。教师的课堂教学主要讲授相关概念性的内容，而关于实践的操作内容则需要学生去亲自实践。

整个教学过程遵循以下的流程：①教师分析课程目标，确定教学内容，设计教学任务，布置任务；②教师提供帮助，教学分组；③人员设置；④学生完成任务；⑤成果展示；⑥交流以及教师评价。这种形势下，一系列小任务的循环贯穿整个应用篇的教学。而对于课程教学来说，课程结束前的模拟教学比赛则可以被看作最大的任务。

（3）教学评价

任务驱动教学法下对学生的评价，应该包括过程性评价和终结性评价两个部分。过程性评价包括学生出勤情况、平时作业完成情况等。终结性评价包括理论知识的掌握和实践操作能力两部分。

在理论知识的考核方面，应突出对学生创新思维的考察。因此，应有计划地设计开放性的考试题目，进行单独考核。对实践操作部分的评价，采取团体竞赛的形式，设计内容包括小组说课与试教等，应尽量做到学生个人成绩和所在小组成绩密切相关，从而更加有利于小组团队建设。个人成绩可采用如下评价方法：个人成绩 = 小组成绩 × 个人评议成绩。小组成绩是指导教师和其他教师共同评出的，个人评议成绩是小组其他成员给出的，也按照个人参加活动的积极程度和个人任务完成情况分成不同的等级。

# 第三节　体育教师教育论

## 一、中国体育教师教育的发展现状

### (一)体育教育专业招生制度

目前全国体育教育专业新生的录取办法分为三种：（1）划定体育分数线，对该分数线以上的考生按文化成绩由高至低录取；（2）划定文化分数线，对该分数线以上的考生按体育专业成绩由高至低录取；（3）50%的名额按第一种办法，50%的名额按第二种办法。

### (二)体育教师培养制度

#### 1.培养机构

我国目前已形成了两大系统、三个层次的教师教育网络。两大系统是指以培养新教师为主的师范院校系统和以培训、提高在职教师为主的教育学院系统。在师范院校系统内，三个层次是中等师范教育、高等师范专科教育和高等师范本科教育。在教育学院系统内，全国各地均已形成了省级教育学院培训高中教师、地市级教育学院培训初中教师、县区级教师进修学校培训小学幼儿园教师的三级培训网络。

#### 2.培养目标

改革开放以来，我国体育教育专业本科教学计划虽几经变动，但在培养目标上始终明确定位在"中学体育教师"上。2003年教育部颁布新的《全国普通高等学校体育教育本科专业课程方案》。该方案的培养目标为：能胜任学校体育、教学、训练和竞赛工作，并能从事学校体育科学研究、学校体育管理及社会体育指导等工作的复合型体育人才。我国目前各地的体育院系现行的体育教育专业教学计划的培养目标都是以此为依据进行设计和确定的。

### （三）体育教师任用制度

依据《中华人民共和国教育法》和《中华人民共和国教师法》，国务院 1995 年制定并发布《教师资格条例》，条例规定：中国公民在各级各类学校和其他教育机构中专门从事教育教学工作，应当依法取得教师资格。2000 年 9 月 23 日教育部颁布《教师资格条例实施办法》，教师资格制度开始全面实施。除上述法律文件外，原国家教委和国家体委还于 1990 年联合发布了《学校体育工作条例》，专门对体育教师的工作职责与权益进行规定。目前体育教师的任用一般遵循以下程序：具备相应学历要求和学位证书的体育师范生与应聘学校双向选择；学校对师范生进行考查并签订聘用合同；学生在正式从事学校体育工作前，原则上还要通过有关部门组织的考核与审查后才能获得教师资格证书。

### （四）体育教师继续教育制度

从 1999 年开始，根据国务院批准的《面向 21 世纪教育振兴行动计划》，我国开始启动一项以 1000 万名中小学教师继续教育为主要内容的"跨世纪园丁工程"。1999 年 9 月，教育部在上海召开全国中小学教师继续教育和校长培训工作会议，对这一跨世纪的继续教育工程的全面启动和具体实施做了动员和部署。会议期间，教育部正式颁发《中小学教师继续教育规定》，这是我国中小学教师继续教育工作的第一个全国性法规，标志着教师继续教育工作逐步走上法制轨道。目前我国继续教育培训主要依赖于教育学院或教师进修学院，还有各市建立的教育教研室。中小学教师继续教育分为非学历教育和学历教育，非学历教育包括新任教师培训、教师岗位培训、骨干教师培训；学历教育是对具备合格学历的教师进行的提高学历层次的培训。参加继续教育培训的主要方式有全脱产培训、半脱产的短期集中培训以及不脱产的假期培训、夜校、校本培训等。

## 二、体育院系教师的继续教育

### （一）体育院系教师继续教育概述

#### 1. 教师继续教育的概念

教师继续教育是继续教育的下位概念。它是教师保持创新精神和发展态势不可缺少的充电形式，也是教师摆脱职业局限性束缚，从"教书匠"走向"教育家"的阶梯。

《教育大辞典》指出，教师继续教育是指对达到一定知识水准的在职教师进行的知识更新、补缺和提高的教育。目的已不单纯是补足学历，补充新知识，或改进目前的教学工作，而是改变教师进行教学的知识、能力、态度、行为等条件，以提高教育对社会和新科学技术革命发展的总体适应性。在教师任教期间不断进行，甚至延续到退休之后，乃至终身。有业余、半脱产、全脱产等多种形式。内容有：（1）教学工作所需要的新理论、新知识和新技术；（2）教学和教育管理方面的知识及方法；（3）提高教师文化科学修养的知识。经济合作与发展组织认为，教师继续教育是教师和授予最初职业证书的校长参与的教育与培训活动，主要目的是提高或改善教师的专业知识、技能和态度，以便教师能更加有效地教育学生。霍森认为，教师继续教育是指为了使用某一种或某一类型的方法，教师为此所做的必要准备，这是其他方法所不能达到的。

也有人从广义和狭义两方面理解教师继续教育，认为就其狭义而言，通常是指由政府或正规学校教育机构所举办的专业学习活动；就其广义来看，教师继续教育还包括在职教师参加的学校内举办的教学研究或经验性交流的学习活动，以及教师个人的自我教育或自我成长。

基于以上理解，教师继续教育指对那些脱离传统正规学校教育之后的在岗教师所进行的补充、更新、提高教育。主要指涉及教师任职后所参加的与教师专业发展相关的继续教育。其中包括没有取得合格学历者所参加的学历继续教育、从事教师专业所必须具备的知识和技能的岗位继续教育，以及以教师的专业发展为目的的相关知识和能力提高的外部继续教育、校本继续教育、自我继续教育等。

### 2.体育院系教师继续教育的概念

体育院系教师继续教育工作一直是我国高校体育院系教师队伍建设的重要内容，是教师教育的重要组成部分，也是当今世界上普遍存在的一种社会现象。

体育院系教师继续教育是高校教师继续教育的一个分支，指对那些脱离传统正规学校教育之后的在岗体育院系教师进行的以扩充与更新知识、提高体育教学水平、更新与拓宽体育技术技能为目的的教育。其任务为传授新知识、新技术技能，培养高校体育院系教师的业务能力、工作能力、职业思想，提高他们的综合素质和水平等。从培训对象看，既包括新上岗的高校体育院系教师，也包括获得各级职称的高校体育院系教师及骨干教师。从培训内容看，既包括以更新知识、完善、提高教育教学能力为目的的培训，也包括掌握现代体育教育技术，改进体育教育方法，提高科研能力，了解新动态、新理论、新技术与技能的培训，还包括提高教师职业道德、思想品质为目的的培训。从培训形式看，既包括新教师岗前培训、其他教师的岗位培训，也包括学历再提高教育。从培训时间的长短看，既包括短期培训，也包括长期培训。

### （二）体育院系教师继续教育的发展现状

#### 1. 理念与意识方面

（1）非学历教育的必要性及须着重加强的素质范围

调查显示，近90%的教师认为非学历教育是必要的，这表明他们已普遍认识到非学历教育的重要性。但仍有5.9%的教师认为根本没必要，这表示虽然高校体育院系教师普遍意识到其重要性，但欠全面。更为严重的是，其中有部分教师还存在"唯学历"的观念。此外，通过对高校体育院系教师学历达标后急需加强的素质范围进行调查，结果显示，高校体育院系教师迫切需要通过继续教育来提高自己的教育教学能力和教育科研能力，具有较强的"实用性"。然而，教师对于政治思想素质强化和现代教育技术能力提高关注的有限性，不免令人担忧。

（2）参加继续教育的主要目的

调查可知，大多数教师参加继续教育是为了更新专业知识与提高教学、科研能力。这表明，教师进行继续教育的目的趋向理性化、高标准化。有研究显示，高校教师培训个体需求的重点将转移到更新专业知识、提高学术水平和促进自身专业成长上来，学历培训需求将逐步趋缓。

#### 2. 课程设置

（1）继续教育课程设置的合理性

调查结果表明，54.2%的教师认为继续教育课程设置比较合理或非常合理，53.4%的教师认为继续教育教学内容与体育发展趋势相一致。说明高校体育院系教师继续教育主办方已较多地考虑到我国体育理论的现实发展及教师需要，已较为重视继续教育的社会效益及培训效果。但仍有部分教师指出继续教育课程设置不合理、继续教育教学内容与体育教育发展趋势不一致。这也表明继续教育课程设置和内容安排仍有不妥之处，其课程体系与内容体系欠完善。高等教育国际化要求教学内容的国际化，教学内容的国际化要求教师培训内容的国际化。因此，如何使高校体育院系教师培训内容既具有民族化特色又具有国际化特色，也将是继续教育管理部门、培训者需要思考的。

（2）现代教育技术所占比重情况

在对现代教育技术所占比重的调查显示，40.1%的教师认为其比重不足，仅31.6%的教师认为适中。不过，需注意的是，28.3%的教师认为现代教育技术课程所占比重太大，这反映了一种现实，即一部分教师在学习现代教育技术方面确有困难，且十分吃力，而培训者讲课容量大、速度快，受训者进行实践操作的时间少，也是造成教师难以消化、产生学习困难的原因。

（3）继续教育内容安排需增加的部分

调查显示，72.9%的教师认为急需补充体育教学新理论以及体育教学改革新动态，68.0%的教师认为急需补充掌握现代化教学手段的有关知识，60.7%的教师认为急需补充教育科研知识和撰写研究论文的有关知识。这表明教师急需这三方面的知识。因此，在内容安排上，应突出这三方面。杨启亮教授在谈到教师继续教育中的"唯学历"目标时也指出，当教师们致力于补偿性学历达标时，往往还是偏重学科专业，忽视教育专业，其实是忽视了教师教育在现代社会条件下的职业科学的学术性。故大学教师还必须具备一定的教育科学知识，如教育学、心理学、教学论、教师论等。继续教育在内容选择上，应该加大在科学、人文以及教与学方面的课程设置力度，逐步提高教师的科学素养和人文素养，提高教师的职业认同感，提高教师的专业化程度，加大对教师教育理念的培养。

**（三）体育院系教师继续教育的基本对策**

**1. 理念与意识**

（1）更新观念，端正认识

调查表明，当前对于教师继续教育，陈旧化、片面化的观念相当普遍。由此可见，更新观念、端正认识已刻不容缓。

要建立完善的高校体育院系教师继续教育体系，必须认识到高校体育院系教师教育已不再是"管用一生"的教育，而是"贯穿一生"的教育，它是涵盖了职前和职后教育在内的一体化教育、专业化教育，进而摆正其位置。具体地说，应形成如下认识：①继续教育是教师教育过程中必不可少的组成部分。②高校体育院系教师继续教育是对取得教师资格的高校体育院系教师为提高思想政治和业务素质所进行的培训教育。

（2）提高教师参加继续教育自主性

首先，突出高校体育院系教师的主体性。在弘扬主体精神的当今时代，我们必须既重视作为接受继续教育的高校体育院系教师们的"学生"主体，也应慎重地保护和激励"教师"主体。把他们的继续学习、研究、创造、发展从外部需要、社会价值、职业规范，引向主体自身的人格建设、真善美的终极目标、主体价值实现上来。

其次，将高校体育院系教师继续教育与任用、职称评聘结合起来，调动教师培训的积极性。在保持原有特色与优势的基础上，逐步转换原有的教师培训机制，建立激励与制约机制，形成"外部压力"，但其大小要"适度"，且能变为动力。在建立激励与制约机制时，要坚持培养与使用相一致的原则，把教师的培养、评价和使用结合起来，形成育人、选人、用人一体化的机制。此外，充分发挥职称评聘的杠杆作用，把继续教育和职称评聘紧密结合起来。年度考核时，把继续教育作为一项重要指标列入单位和教师的考核中，使每位教师都有主动接受教育、不断提高自我的意识，并使之成为行为动力。

**2. 课程设置：构建合理的课程体系，突出针对性、实用性和先进性**

在培训内容的设置上，既要有内容性学科，又要有技能性学科，且遵循"二八原则"，即：理论性、知识性课程占20%，起开阔思路的作用；操作性、技巧性、能力性课程约占80%，以提高能力、改善行为。此外，应根据不同层次的重点采取不同的形式和措施。教师群体从层次上可划分为学科带头人、骨干教师和青年教师。学科带头人继续教育要以提高自身学术水平、掌握体育学科前沿理论和知识为主。骨干教师的继续教育主要是提高学术水平、加强科研能力训练、掌握新的体育教育观念、提高体育教学技能。青年教师的继续教育主要是学习现代教育理论、掌握基本的体育教学技能和技巧、迅速提高体育科研能力、理解教师职业道德规范的内涵、提高自身的职业道德修养和政治思想素质等。

**3. 师资与教学方法**

（1）提高培训者的自身素质水平

建设一支高素质的高校体育院系教师培训者队伍，是提高培训质量的根本保证。①加强师德教育，树立全新的教育观念。②坚持在实践中边学边做，如开展培训者之间的经验交流活动，相互研讨，并借鉴有效的方法。③培训者与受训者共同探索继续教育途径，提高继续教育师资水平。

（2）合理组合各种教学方法

继续教育对象由于生理、心理已发展成熟，学习目的明确，其目的取向是"立即应用"，即：接受继续教育是为了提高应用能力，解决实际问题，他们以一种"问题中心"的心理参与学习，同时他们有较强的理解力、自控力。因此，高校体育院系教师继续教育方法应以教师的真实需要为目标，尽量贴近实际，充分发挥教师的主体性，注重创新意识和操作能力的培养。还需注意的是，不同的培训内容需要采取不同的培训方法。如对于教育教学技巧的培训，宜采用案例教学法，让教师在分析案例的基础上提出解决问题的办法并相互交流。而对于教育教学能力的培训，则宜采用模拟培训法，让教师置身于模拟的现实工作环境中反复操作训练，以解决实际中可能出现的类似问题。

高校体育院系教师继续教育过程中，培训者在实践中有许多有效的方法，如案例式教学法、反思教学法、探究性教学法、多媒体辅助教学法等。它们只是从一个侧面反映了继续教育理论与实践。方法构建应该是一个开放的体系，应容各家之长而使之日臻完善。

此外，高校体育院系教师继续教育应依托网络体系建立自己的网络教育平台，对具备条件的进修实行网络化教学。

**4.继续教育形式**

随着我国高等教育改革的不断深入，高校教师的岗位职责要求和教学科研任务日益具体明确，教师的工作责任感也在不断增强，使得教师不能离岗经常参加较长时间的脱产培训。因此，高校体育院系教师继续教育既要符合其本身的"任务""目的"，也要考虑教师工作的实际可能条件。它应与教师的在职工作和终身学习需要相适应，适合采用多种方式的在职进修和短期培训。坚持教学质量和实用效益并重的原则，针对不同层次学习对象的工作需要，选择不同的学习途径或办学途径。有的可以参加学历教育，短期培训班、研讨班，或自行学习；有的可以参加高级研修班、高级研讨班，或出国进修访问，外出讲学。此外，在办学形式上还应注重回归"学校本位"。

### 三、体育教师知识的建构

#### （一）普通高校公共体育课教师知识结构

**1.普通高校公共体育课教师教学知识结构的视角**

根据新世纪体育教师的工作特点、职责和应具备条件的要求，构建体育教师合理优化的知识结构体系，应有明确的指导思想，即所学知识具有显著的时代特征，能反映现代体育科学的新观念、新思想、新信息、新知识，能适应市场经济对体育人才知识水平的需求，符合专业培养目标。从这个认识出发，普通高校体育教师掌握的各类知识及其组合，必须是能转化为适应学校体育改革发展所需的知识体系；必须是能转化为适应展示体育在提高民族素质、人的劳动素质本质功能所需的知识体系；必须是能转化为适应不断更新知识，具有开拓创新意识所需的知识体系。基于此，按照层次划分，普通高校公共体育课教师知识结构应该包括核心层知识、紧密层知识、拓展层知识。

（1）普通高校公共体育课教师应具备的核心层知识

核心层知识包括普通高校体育公共课教师教学中必须具备的体育基础知识、基础理论、基本运动技术技能以及教学内容的结构安排等。作为一名普通高校公共体育课教师，首先要具有作为教师所必备的体育基础理论知识和最基本的运动技术技能。这一层面的知识是教师开展体育教学必须具备的专业知识和专业基础知识，其整体要求是"专""精""深"，是体育教师应掌握的知识重点，在教学知识结构中处于核心和关键地位。这一层面的知识，一是人体科学知识，如解剖学、生理学、生物力学、生物化学等；二是专项理论与技术知识，如各运动项目理论、各运动项目技战术、各运动项目竞赛规则和裁判方法、临场指挥理论与方法等；三是科研理论与方法方面的知识，如体育科研方法、体育计量学、体育统计学等。

（2）普通高校公共体育课教师应具备的紧密层知识

紧密层知识包括教学的一般方法、策略的掌握和课堂组织模式，使教学做到深入浅出、得心应手。新体育课程改革要求体育课程体现均衡性、综合性和选择性的特点，对体育教学内容进行选择，采用形式多样的教学方法和灵活多变的教学组织形式，多渠道、多角度、全方位地让学生在运动参与、运动技能学习、身体健康、心理健康、社会适应能力等体育课程学习的五大领域得到均衡的发展。新课标的实施，给体育教师带来了教学内容、教学方法选择方面的更多空间；教师角色的转变，注定了教学方式的变革。教师从知识的传授者变为学生学习的引导者；学生则从过去的被动接受者变为主动学习者，体育教学将无固定的现成模式，这对体育教师的课堂教学设计能力提出了新的要求，也为体育教师这一能力的培养提供了广阔的空间。

（3）普通高校公共体育课教师应具备的拓展层知识

拓展层知识包括与体育教学密切相关的多媒体运用知识、体育与其他学科的交叉融合、体育教学最新动态发展、教学的研究等。由于体育与健康教育中体育教师的教学内容与目标被极大地丰富与发展，普通高校公共体育课教师知识结构应随着社会的发展而进行优化，及早建立适合体育与健康教育的新的知识体系。由于目前的体育教师都是在体育教育背景下培养起来的，所以，在个人知识结构上，就需要丰富体育社会学、体育发展史、教育学、心理学尤其是体育锻炼与身体心理健康、社会适应等方面的知识，将现代教学手段纳入体育教学领域，熟练地掌握和运用多种媒体服务于体育课教学。

**2. 普通高校公共体育课教师知识来源的调查**

（1）从职业经历看教学知识来源的主要途径

当今的社会教育已经相对发达，信息流量丰富且复杂，在这样的环境下，普通高校体育教师的知识来源广泛、重点突出。下面从体育教师职业经历的角度出发，调查普通高校公共体育课教师知识的来源。

体育教师课程知识的主要获得途径是"和同事的日常交流"；体育教学内容知识的主要获得途径一是通过"职前教育"，二是通过教研和交流。因为这两种方式不仅对教师的教学活动具有针对性，而且还简便易行。

基于上述调查的结果，本研究以体育教师知识三个层次为横向参考，以职前培训、在职培训、同事交流等九个项目为纵向设置，对普通高校公共体育课教师知识来源展开调查。

（2）从应然的知识结构看知识来源的主要途径

根据应然状态下普通高校体育教师的知识结构，研究着重从体育教师的基础知识、基础理论、基本技能、教学方法、教学策略、交叉学科知识等方面来摸清目前普通高校公共体育课教师知识来源的实际情况。

从调查的结果中可以看出，关于体育教师核心层知识方面的"基础知识""基础理论""基本技能"，被调查者大都认为来源于职前教育。其中"基础理论"方面在职培训也比较重要，占27.2%。关于紧密层方面，以职前培训作为基础，"教师自我反思"成为主要来源。其中，关于"教学策略"中"有组织的教研"和"同事间交流"起着更重要的作用，分别占来源的22.0%和21.1%。关于拓展层方面，体育教师知识来源显示更加多元化，"多媒体知识"来源主要在"阅读专业书刊"

和"职前教育"，"同事间交流"也比较重要；"体育交叉学科"主要来自"阅读专业书刊""职前教育"和"在职培训"，分别占 30.5%、20.7%、17.1%；"体育教学新动态"来源主要为"在职培训""有组织的教研"，分别占 27.6%、24.0%。

### （二）普通高校公共体育课教师知识的实然状态

#### 1.普通高校公共体育课教师知识的实然状态

现阶段的体育教师在教学知识结构上存在着一系列的问题，归结起来主要表现在：教学核心层知识不够扎实，教学紧密层知识不够完善，教学拓展层知识比较缺乏。

（1）教学核心层知识不够扎实

由于我国高等教育培养体制的原因，目前高等学校体育教师绝大多数都是来自专业体育院校。体育院校的学科门类较单一，专业口径过窄，教师的知识结构不尽合理。体育教师对体育竞技方面的知识了解较多，而对体育文化、体育社会学、体育人文等方面的知识了解较少，特别是对现代科学技术的发展所造成的不同学科的综合性与交叉了解甚少。作为现代高校体育教师，除掌握精深的基础理论知识以外，还必须掌握专业基本理论知识与技术，包括球类、田径、武术、体操、健身操，具有现代化、地域性、生活化、社会化、个性化、终身化的运动项目的技战术和理论知识，以及规则、教学原则与方法，及时掌握体育技术发展的新知识、新信息，把握体育运动技术发展的新方向，大量收集、加工、处理、吸取相关信息，在精深的基础上实施科学的综合，做到专业技术与理论"精""深""新"。

（2）教学紧密层知识不够完善

在教学过程中，只注重任务的完成，面对活生生的学生缺乏有针对性的教学，教学方法相对单一，教学手段欠创新，填鸭式多。

调查还表明，普通高校公共体育课教师在教学中出现不平衡现象，运动技术很好的教师的理论、讲解教学水平欠缺，而理论、讲解教学水平较高的教师在示范时受运动技术水平的限制。

（3）教学拓展层知识比较缺乏

调查显示，普通高校公共体育课教师与体育教学密切相关的多媒体运用知识缺乏，一些边缘学科知识比较薄弱，特别是对教育科学知识、人文知识、科研等方面的学习不够；不关心体育教学发展的最新动态，对于新知识以及教学研究持无所谓的态度；知识的宽广度不大，教学内容设计不合理，解决实际问题的能力差。

**2. 由教师知识存在的问题引申的教学实际问题**

由于体育学习是以运动实践或身体练习为主的学习，其运动技能的学习往往被体育教师视为理所当然的主要内容。因此，在运用教学方法时，一般把体育教学的目标定位于"技术"二字上，将教学的重点放在运动技能的教授和指导上。

当前，教育的结构性调整的重中之重就是教师自身知识结构的调整。前面我们提到，体育教师的知识是他们系统专业学习和实践中经过思维加工后形成的知识体系，它是体育教师教育教学行为的前提条件。高校体育教师知识结构的完善主要表现在对三个层次上的知识的学习、掌握与运用。但是，从对教师知识来源的调查结果分析，我们得知，体育教师教学知识结构不合理、不完善等现实状况，至今仍未引起广大高校体育教学工作者的足够重视，体育教师现有的知识结构也已经不能适应这样的要求，迫切要求作为教育结构调整的实际承担者和参与者的教师必须对自己整体知识结构进行重新建构。

**（三）普通高校公共体育课教师知识结构的实然性建构**

**1. 普通高校公共体育课教师知识建构的特点**

（1）开放性

之所以说体育教师知识有其开放性特点，主要在于知识是一种开放的体系，是在特定的社会背景下形成的，在各门学科、各类知识之间相互渗透、相互交叉，从而构成一个复杂的生态系统。知识的这一特性使得知识本身充满生机与活力，成为一种独特的意识现象不断地走向丰富与完备。

众所周知，高校学生不仅生活在学校之中，也生活在社会之中。因此，体育教师首先要理解社会对体育教育的要求和期待，将教授的目标转化成学生学习的目标。其次，体育教育要关注人的发展，特别是关注人的体质的发展，因为强健的体魄是一切思想、智慧、能力的载体。

（2）动态性与过程性

普通高校公共体育课教师的职前知识背景会影响到职后知识的学习，而这种知识背景有着丰富而广泛的含义，它包括各种来源不同的、以不同的表征方式存在的知识经验，是一个动态的、整合的经验体系。教师知识是一个动态的发展过程，教师知识的动态性、过程性可以从三个方面来阐述。

首先，持续地追求专业的体育教师知识。从体育教师知识掌握的对象来说，体育教师从一名新教师到成长为一名成熟的专家型的教育教学专家需要一个逐步发展的过程，要经历一系列不同的专业发展阶段，是一个螺旋式上升的持续不断的过程。体育教师知识结构的提高需要根据其发展的不同阶段所面临的问题和需要来进行，由只重视职前培养，转向强调教师教育一体化的培养模式，加强促进体育师范生的专业发展及在职体育教师的专业发展，使体育教师专业不断趋向成熟。

其次，努力成为体育教学工作的促进者和引导者。普通高校公共体育课教师与体育课程之间是共生、共建的关系，教师与课程改革共同成长和发展。体育课程改革推动着体育教师观念和知识的更新，体育教师行为与知识的不断更新又决定着课程改革的进程和成败。体育课程改革中，教师不再只是课程的执行者，而是课程的建设者、调试者，是体育课程实施中问题的协商解决者，以及学生运动技术发展的促进者和引导者。通过调整体育教师相应的教学知识结构，优化课程知识，按要求参与到体育课程改革中，接受体育课程设计与发展对体育教师知识结构的挑战。

最后，力争成为创造性学习的促进者。随着社会和教育思想的变迁，教师角色定位经历了"长者即教师—有文化知识者即教师—教师即文化知识的传播者—教师是促进者"的认识发展过程。也就是说，进入现代社会后，社会的发展主流是知识经济、社会以信息化和学习化为标志，教师的作用也得到进一步的拓展，教师要成为"创造性学习的促进者"。

### 2.普通高校公共体育课教师知识建构的基本理论

（1）建构的价值取向

普通高校体育教师知识建构的价值取向，应该是"以人为本"。即在《全国普通高等学校体育课程教学指导纲要》的指导下，体育教师知识的发展取向，除了原有对"物"的教学下形成的教学的课程知识、内容知识与方法知识这个必不可少的层面继续深挖以外，还要别开生面地从引导学生成为研究者、教师教学案例分析两方面来对"人"进行教学，并以此为突破口，挖掘与构建普通高校公共体育课教师知识结构。

（2）建构的基本原理

系统论中著名的"木桶理论"指出：一个用若干木板箍成的木桶的容积不取决于最长的而取决于最短的那块木板。根据这个木桶理论，我们意识到在教书育人中最短木板的巨大威胁，并针对最短木板进行提高。该找的短板找到了，该补的短板补齐了，然而并没有质的飞跃。原因何在？我们不妨重新审视木桶的结构，就会发现木板的长短固然决定木桶的容量大小，但还有两个极易被人们忽视却又至关重要的因素。那就是底板和桶箍。底板决定了这个桶能否容水和容量大小，也就是教学知识中的核心层，核心层中知识的增加与巩固自然就能增加整体教学知识。桶箍的妙处在于它能把一堆独立木条联合起来，紧紧地排成一圈，使木条之间紧密协作，形成一个共同目标。这个桶箍就是科学素养和人文素养等与核心知识紧密相连的紧密层。唯有教师自身具有了人文素质、科学素质，才能不辱使命。业务素质有了坚固的底板、紧实的桶箍，最短木板就成了决定木桶容量大小的关键。体育教师知识的拓展层就好比木板。木板参差不齐，把板子摆在地上，根据板子的长短重新组合成几个高低不同的木桶，总容量就增大了。

### 3.普通高校公共体育课教师知识建构的方法与途径

（1）强化核心层知识

①持续加强专业基础知识

前面研究已经表明这一层知识的来源主要是职前教育，师范体育院系的教育直接影响着核心层知识的强化，优化体育院系的课程设置是强化核心层的最佳途径。仅有的职前教育满足不了现状，加强专业基础知识还需在职后加大培训力度，针对普通高校公共体育课的特点，重点培养所教课程的基础知识，真正将专项理论与技术知识融合到实际教学中去，用最通俗的语言表达出来，让学生做到心领神会。

②不断完善体育理论与身体锻炼知识

体育理论不仅体现在体育的本质、目的和任务这些概述性的理论方面，更多地体现在人体技能变化活动规律、身体练习原理、运动锻炼保健卫生等方面的理论。高校体育除了对我国体育方针、政策、体育制度等的学习和高等学校体育教学的基本原理、方法等知识的了解和掌握外，还需要全面地学习和掌握以下几个方面的知识：一是体育文化在特定历史时期的内涵及其在教育中的功能，体育人文精神对社会、经济的影响等；二是体育锻炼育人诸方面的关系，不同人群身体锻炼适宜的负荷、项目以及锻炼的卫生，身体锻炼行为的方法、策略等；三是业余训练有关的理论和知识。

另外，体育教师还应该掌握运动学方面的基本知识和基本动作原理，以便在教学中对原有的竞技运动技术进行改变、编排以适应学生的特点。

③重点改善体育基本技术、技能知识

众所周知，体育基本技术、技能知识运用到教学中务必要进行动作示范。动作示范能力是学校体育教师有别于其他教师的一种特殊能力，是直观性原则在体育课堂教学中的具体表现。体育教学的目的是使学生学习并掌握一定的运动技能，而学生运动技能的学习需要直接的感性经验做支持。教师示范的目的是要使学生通过对教师形体动作的观察，在头脑中形成清晰的记忆表象，并使之"内化"，经过思维的加工，建立起正确的动作概念。因此，教师的每次示范都应明确所要解决的问题，比如"示范什么""怎样示范"等都要根据教学任务、教学步骤以及学生可能接受的具体情况而定。

（2）拓展紧密层知识

①加强对体育课教学设计能力的学习与研究

首先，教学是教师与学生不断发现和创新的过程，课堂如同一片流动的云，一团燃烧的火。教学设计、教学目标只是揣在心中，作为一种意识形态而存在。在实际的教学过程中，教师应在与学生的交流中，因时、因地、因情境不断地修正预定的计划。其次，要上好课首先要备好课，教师要在钻研教材、了解学生、规划教法的基础上编写好教案。同时，应该对每次课、每一个单元进行教学设计，每次课、每一个单元后都有小结，及时地记录教学中出现的问题与经验。

②加强对体育课教学创新能力的学习与研究

随着社会的发展，普通高校公共体育课教学改革的不断深入，有些教学方法已不能适应当代高校公共体育课教学的需要而出现各种弊端。同时，新的教学思想、教学观念、教材和教学目标，必然要有相适应和配套的教学方法。这就需要普通高校公共体育课教师能经常去听公开课，甚至听取体育教师以外的公开课，与同事、专家交流，从实践中得到启发，从理论研究中创新教学方法。

③不断反思并总结体育教学实践经验

第一，要全面地看待教育中的种种问题，不仅要善于抓住某个教育问题的基本框架，而且要不遗漏有关的重要细节和主要因素。第二，要深入到教育事务的内部，把握住事物的本质及核心部分，抓住事物的关键所在，揭露事物的根本原因，并且善于预见事物的发展进程和结果。第三，应该体现思维的独创性。第四，教师要善于组织各方面的知识、事实，根据事物发展变化的具体情况随机应变，及时提出各种不同的思想、假设、办法和方案。第五，教师应能迅速地对外界刺激做出反应，迅速地意识到存在的问题，并能找出解决问题的正确途径和方法。

（3）扩大拓展层知识

①加强教育科学理论知识

体育教师要把学科知识最有效、最大限度地转化为学生的知识经验，取得最佳的教学效果，就必须在教育科学理论方面有较深的造诣。因此，普通高校公共体育课教师应加强教育科学理论的学习，系统地学习教育原理、课程与教学论、学科教学论、儿童心理学、学校卫生学等教育科学知识，深入研究和掌握教育规律、知识的内在规律及学生的年龄特征和心理发展规律，还要及时了解和掌握国内外教育改革的成果和动态，并加以吸收借鉴，以指导体育教学实践。

②丰富自然科学、社会科学与人文科学知识

体育教育是一门综合性的学科，它所包括的学科范围既有社会科学知识，如政治思想、教育学、教育心理学、法律学等，又有自然科学知识，如解剖学、运动生理、生化、运动生物力学等。因为体育教育的学科范围远大于其他学科教育，所以应从客观上要求体育教师要具有较丰富的科学文化知识。

此外，由于当今世界新兴学科和边缘学科的基本理论知识不断渗透到体育学科中来，体育教学最新动态发展出现了以现代科学为特征的许多新的概念、理论、技术，产生了许多新的体育形式，教育、教学、训练和锻炼的新手段、新内容，以及测试、评估的方法等，所以普通高校公共体育课的教师必须通过继续教育不断完善和充实自己的知识体系。

③掌握和运用现代科学技术知识

随着时代的发展和科学技术的进步，越来越多的现代教学手段进入体育教学领域，投影仪、数码摄像机、多媒体等已逐步应用于体育课堂教学。作为一名高校体育教师，若要适应新时代的教学工作，就必须具备电化教学的能力，这是新世纪体育教学工作对一名合格的体育教师提出的基本要求。

# 第四节　体育教学管理论

## 一、体育与卫生协同管理

### （一）学校体育与学校卫生的关系

人体在运动过程中，机体将产生一系列具有"双向效应"的适应性变化，既可以增强体质，也可以危害健康，通过卫生措施的制约才能成为增强体质与健康的手段。人体的体质状况和健康水平受先天和后天两大因素的影响，对先天遗传因素来说，是优生问题；对后天因素而言，则是受卫生、营养、运动三大因素的综合影响和年龄阶段的制约。

《学校体育工作条例》的目的是"保证学校体育工作的正常开展，促进学生身心的健康成长"；《学校卫生工作条例》的目的是"加强学校卫生工作，提高学生的健康水平"。它们共同的目的就是根据人体生命活动的基本特征和影响人体生命活动的各种因素之间互相制约的内在联系，掌握人体卫生保健的基本知识和理论，指导学生从事符合生命规律的运动，提供理论依据和有关知识与技能。

我国于 1992 年颁发了《中小学生健康教育基本要求（试行）》，要求学校以原国家教委制订的九年义务教育教学计划以及对健康教育的要求为依据，在小学和中学初一至初三年级开设健康教育课，每周至少 1 学时。健康教育是以传授健康知识、建立卫生行为、改善环境为核心内容的教育。在中小学中，以处于生长发育过程中的儿童青少年作为主要受教育者，开展适宜、适时的健康教育。其总目标为：①普及儿童青少年的卫生知识，明确健康的价值和意义，提高儿童青少年自我保健、预防疾病的意识。②使儿童青少年逐步建立、形成有益于健康的行为，自觉选择健康的生活方式，从而促进身心健康，改善生活质量。要求儿童青少年掌握一定的卫生知识，认识个人卫生习惯、营养、体育锻炼、防病保健、环境卫生、安全措施等诸因素与个体健康的互相关系及影响作用，逐步自觉地形成对自己健康负责的卫生观念，培养儿童青少年良好的卫生习惯和健康的心理状态，正确了解自身生长发育不同阶段，特别是青春期生理和心理变化特点及影响因素，改变不良行为，树立健康行为，改善环境，促进身心健康发展。

### （二）学校体育与学校卫生的基本问题

学校体育管理和学校卫生管理既是学校实施国家教育方针，促进学生全面发展的一项重要工作，也是学校教育管理的重要组成部分。管理既涉及决策又兼之实践，在实践中不断检验提高，循环往复，周而复始地推动学校体育工作和学校卫生工作向前发展。

学校体育的主要目标是通过体育活动增进学生健康，增强学生体质。学校卫生教育的任务使学生从小养成良好的生活习惯和行为模式，达到最佳的健康状态。因此，学校体育教育和卫生教育在增进学生的健康方面是一致的。它们通过各自的侧重点，学校体育通过积极主动的身体活动来锻炼身体、增强体质，学校卫生教育以疾病预防、良好行为习惯和个体自我保健能力的培养作为重点，来共同完成增进学生健康、增强学生体质的任务。同时，两项工作又有着非常密切的内在联系，体育若不讲究卫生，则难达到增强体质、预防疾病的目的。在管理中必须把两项工作视为一个整体，统一规划。用科学的现代健康观来贯彻体育与卫生的统一与结合是非常重要的。现代科学的健康观认为，健康是个体对其生存的环境及各种环境因素的良好适应，包括人的身体、心理、社会适应三方面的健全状态。健康的原则不仅在体育卫生工作中要坚决贯彻，而且还应渗透到学校教育教学的全部工作中。体育卫生工作直接关注学生的身体，但学生是一个完整的人，是有智慧、有思想的人，他是带着某种知识、道德参与体育卫生活动，同时又在体育卫生活动中接受一定的知识、道德的影响。所以体育卫生绝不能仅仅停留于育"体"，而应充分挖掘蕴藏于其中的智育、德育因素，把育"体"与育"德"、育"智"有机结合起来。

### （三）学校体育与卫生的协同管理

#### 1.学校体育与卫生的宏观管理

（1）存在的问题

到目前为止，关于学校体育卫生方面的规定较少且不够全面，难以达到依法管理学校体育卫生工作的目的。国务院批准发布的相应的体育行政法规有两项，即《国家体育锻炼标准实施办法》和《全民健身计划纲要》，均涉及学校体育，但仅对学校体育某一方面的工作进行规定，或宏观强调其重要性，并未对学校体育工作做出全面而具体的规定。除此之外，其他多种学校体育与学校为主的法规，除极少数是地方人大颁布的地方性法规外，其余均为体育总局或卫生部颁布的部门规章和地方各级政府颁布的政府规章，且部分法规尚欠规范。

（2）对存在问题的探究

第一，要对政策法规进行科学的制定。

第二，体制方面应解决两个问题，即行政主管与行政监督、行政监督与技术不分的状况，要求明确相关部门的权力、义务和职责。主管部门不能代理监督部门行使职权，而监督部门应加大行政监督力度。学校卫生工作模式应以卫生行政部门监督执法为主，教育行政部门做好行业管理，协助卫生行政部门进行执法管理，实现由行政管理、监督管理相结合的管理模式向行政执法管理模式的转变。

**2. 学校体育与卫生的中观管理**

（1）存在的问题

体育与卫生健康教育相结合是当前体育专业改革的方向。但在2001年推行体育新课程改革中，将中小学原有的《体育》和《健康教育》都改为《体育与健康》，健康教育的内容被大大压缩和简化；同时，由于学校体育和学校卫生都是边缘学科，涉及的学科种类多、知识面广，受职业、认知水平、重视程度、卫生专业知识水平等多方面因素的影响，健康教育的内容在《体育与健康》的实际授课中被不同程度地淡化，削弱了健康教育应有的作用，造成这一现象的原因是我国高校体育教育专业的改革与中小学体育课程改革相脱节。

（2）对存在问题的探究

目前我国中小学体育教师培养存在一些不合理的现象，主要表现在以下几个方面：第一，职前职后教育不连贯，教育内容重叠交叉，资源配置不合理；第二，职后教育要培训的人数多，任务重，要求高，但人力、物力、财力明显不足，质量难以得到保证；第三，由于职前职后教育互相脱节，使得教育培养脱离实际，且经过培训，教师的教育能力和研究能力提高不大；第四，体育教师职后教育缺乏必要的约束和激励机制，法规、制度还不健全，形式化的现象比较严重。

培养高素质师资是基础教育课程改革取得成功的关键，推进教育课程改革需要一支高素质的教师队伍。国家为实施基础教育课程改革，已对中小学教师开始了全面的、多种形式的培训，但要真正满足基础教育课程改革对合格教师的要求，必须从源头做起。其中关键的举措就是根据教育课程改革的要求，对高校的体育教师教育培养目标和培养规格进行调整，培养具有创新教育思想观念，具有新知识结构，掌握教育信息技术，熟悉新课程体系和教学模式，适应基础教育新课程改革的高素质的新型体育师资。

体育教育专业改革方向：新课程要求教师具备全面的业务工作素质、较高的文化科学素养、较强的科研能力，教师不仅是课程的实施者，而且是课程的研究者、开发者，教师要有主动解释课程、开发课程的能力。教师不仅要掌握体育基础知识、基本技术与技能，还要掌握生理学、心理学、卫生保健、医学和现代科技等自然科学知识及哲学、人类学、社会学等人文社会科学知识。这些要素对当今的体育教师提出了更高的要求，也对我国体育教育专业人才培养提出了新的培养目标。我们可以从以下几个方面考虑：

第一，从体育师资培养体制的角度出发，由定向型转向混合型进而过渡到非定向型的人才培养模式。就目前情况来看，我国体育师资的培养结构已有 3 种类型：一是师范院校中的体育院系，二是独立的体育大学或学院，三是综合性大学中的体育院系。

由于目前我国普通高校体育教育体制实施开放式非定向型模式的条件还未成熟，地域发展的不平衡导致教育发展的失衡，决定了现阶段体育教育专业人才培养模式需要经过一个过渡缓冲阶段才能顺利转型。比较适合的策略是把握非定向开放式的发展方向的同时，根据地区差异，从定向与非定向的混合并存逐步向完全的非定向过渡。所以，目前我国的体育教师教育人才培养模式应该是在以高师院校培养为主、综合性大学与独立体育院校参与培养为辅的定向型与非定向型相结合的开放式混合型模式。

第二，从体育师资整体智能结构的角度出发，由培养"专才"模式转向培养"通才"与"专才"有机结合的"复合型人才"模式。

改革开放以来，我国体育教育专业培养目标以及为实现这一目标所采用的人才培养模式，突出表现为"专才培养模式"，其特征是以专业需要为核心来设计课程和教学环节，一切围绕狭窄的专业运行，学生过早地进入专业学习，进而导致体育教学内容上出现了忽视基础、忽视交叉、忽视人文知识的价值取向，已不能适应新形势发展的需求。需要实现培养模式的转变，逐步构建起注重素质教育，融传授知识、培养能力、提高素质为一体的富有时代特征的"通才"与"专才"

有机结合的体育教育复合型人才的新模式。

第三，从体育教育专业本科学制"配置"的角度出发，由"4+0"培养模式向多种类型并存的培养模式转变。

长期以来，我国的体育教师职前教育在学制上都是采用"4+0"培养模式。即学生在4年阶段的学习后，取得本科学历和学士学位，就自然具有成为一名体育教师的资格。

随着时代的发展以及基础教育改革的推进，这种笼统的"4+0"学制模式在体育师资培养上的弊端越来越明显，对其改革的呼声也越来越高。在这种背景下，国内部分体育学者在参考国外体育师资培养的学制安排的基础上，结合我国的实际情况，提出了多种类型的培养模式：

① "1+2+0.5+0.5"模式。这种模式是将4年的修业年限分为4个阶段：第1阶段为普通基础教育阶段，第1学年2个学期；第2阶段为学科专业教育阶段，第2、3学年4个学期；第3阶段从第7学期开始，为实践阶段；第4阶段在第8学期，为最后的回校提高、强化专业训练阶段。通过这种学制安排，学生便可以在前3年的时间里集中掌握较牢固的文理基础知识和深入学习所教学科的专业课程，然后在此基础上集中半年的时间学习教育专业课程，使所学的专业知识有一个初步的应用，最后半年的时间回校总结，对实践中暴露出来的问题进行强化训练，三者兼顾。

② "3+1"模式。学生入学后先接受3年的普通文化课程和学科专业课程的教育，再接受1年的教育学科专业课程的教育。这模式在本质上与"1+2+0.5+0.5"模式相同，只不过在阶段划分上相对模糊。

③ "2+2"模式。这种模式是学生入学时先不分专业进行2年公共基础课学习，然后在后2年教学专选、选修、辅修、实习或考研。这种模式的初衷在于想打破体育学科与其他学科的专业界限，使那些真正有志于从事体育教育事业的学生能有机会选择体育教师作为职业，同时也是从源头上解决体育教师"文化素质"相对偏低的问题。

④ "4+X"双学位培养模式。这种模式是学生在学完4年的专业课程后，有志向要当体育教师的学生再接受1年或2年的教育学科和健康保健专业课程的训练，要求获得体育教师资格证和健康保健师资格证后才能上岗任教，毕业后获得双学位或硕士学位。这种模式给学生在选择从事体育教育事业上提供了较大的自由度和灵活度。"4+X"模式还可以发展到"4+2+2"的体育专业＋教育硕士＋

教育博士体育教师培养模式。

### 3. 学校体育与卫生的微观管理

（1）存在的问题

第一，知识结构、教学教研能力不适应。相当数量的体育教师的知识结构单一、知识陈旧，只懂本学科，缺少必要的教育学、心理学、卫生学知识；很多教师在教学资源的开发意识和能力上相当薄弱。

第二，学校体育教育应与卫生学结合密切，很多教师在教学资源的开发意识和能力上相当薄弱。

（2）对存在问题的探究

①加强体育教师队伍建设。在《学校体育工作条例》和《关于加强中小学体育师资队伍建设的意见》中规定，学校应当在各级教育行政部门核定的教师总编制数内，按照教学计划中体育课时数的比例和开展课余活动的需要配备体育教师。教育部有关学校体育教育工作的文件规定，专职体育教师人数与学生人数的比例为中学1:300、小学1:400，而实际情况是远远小于这个比例。

当前中小学体育教师师资总体配备较充足，但结构不是很合理。部分学校和年级的体育教师相对紧张，加上体育教师编制紧张，不少学校为缓解这种情况，招聘代课教师，从而增加了体育教师队伍整体的不稳定性。在引进人才方面，要进一步更新观念，突破过去传统引进方式的束缚，引入新的机制，采用多种形式，试用和聘用相结合，广纳社会资源，并注重在实践中发现人才、使用人才，以课堂教学效果和质量作为教师引进的主要标准。在人才聘任制度方面，建立人事淘汰机制，优胜劣汰，使体育教师队伍专业化，健全和落实教师考核制度、聘任制度。营造一种善于容纳和使用有才华、有能力、有本领、有作为的教师的工作机制和环境氛围；要注重引进教师的综合素质和发展潜力，从知识结构和特长结构方面改善体育教师队伍的质量。

此外，现在的许多体育教师上学时接受的是竞技教育，毕业后从事的是运动技术教学，对体育与健康课如何上知之甚少，不具备一整套体育与健康技艺的知识和技能，还不能被称为真正意义上的体育与健康教育教师。因此，体育教师必须重新学习，不断完善自己的知识结构，提高自身的能力层次。体育教师的职后培训和继续教育也应该由传统的缺陷范式向以成长范式为基础的，融变革范式、问题解决范式于一体的范式进行转变。在培训的目标取向方面，应立足体育教师自身需求和发展的需要，为体育教师的发展系统地提供多学科、多类型、多层次的选修科目和丰富多样、切合实际、具有反思性的可操作培养模式。

②加强卫生技术人员师资队伍建设。目前我国专职卫生技术人员配备比例不达标，专职校医少，而兼职校医多，校医队伍专业构成比例低，年龄结构不合理，校医补充无来源；职称晋升一般最高只能到中级，这些因素造成校医队伍整体素质不高，工作效率低下，严重制约学校卫生工作的深入开展。

③重视学校体育教育的卫生学取向。学校体育教育的卫生学目的是让学生在校期间有足够而有效的体育活动时间和适当的活动强度，并以健身为目的，培养学生参与终身性体育活动的兴趣、能力和习惯。

体育教学要应用卫生学的理论、知识和技能，研究体育锻炼过程中影响人体健康的各种外界环境因素，以及人体与体育锻炼之间相互关系及其作用规律，制定并实施在体育锻炼中所必须遵循的各项体育卫生要求和措施，用以帮助指导学生进行科学、合理的体育锻炼，达到增强体质、增进健康的目的。为达此目标，可以从以下几方面做起：

第一，体育教学应该坚持基本的卫生原则。体育教学必须遵循全面性原则、经常性原则、循序渐进性原则、区别对待性原则、运动与休息适当交替性原则。

第二，加强卫生知识的教育并贯穿于整个体育教学过程。体育教师应利用教室或在日常体育课的教学中有机结合教材内容、教学环境、气候特点、场地器材和学生的生理等方面，向学生传授有关的体育卫生知识，同时教师本人要善于吸收、学习新知识并及时传递给学生。

第三，加大体育教学与卫生知识的影响。学生学习、掌握有关的体育卫生知识，不仅是要求他们在体育教学中能运用，更要求他们在课余活动及日常生活中能充分运用和传授给他人。

第四，体育教师要与卫生工作人员相结合。体育教师积极主动地协助卫生人员定期检查学生身体，经常与卫生工作人员沟通，查阅健康档案，从多方面了解学生的健康状况；有计划、有目的地邀请卫生工作人员观看体育课，虚心听取他们对体育卫生方面的意见和建议，共同分析、研究有关体育卫生的问题，从多方面增进学生的健康。

## 二、学校体育运动竞赛管理

### （一）学校体育运动竞赛管理概述

#### 1. 学校体育运动竞赛管理的起源与发展

我国古代学校体育，在奴隶社会就开始出现，学校体育运动竞赛也随之衍生。

有了竞赛，就产生了管理。古代的学校体育运动竞赛主要内容为"射""御"。

19世纪60年代，西方近代体育开始传入中国，并开始兴办教会学校。1900年前后，在北京、天津等地的教会学校都开展了各种西方体育运动，完善和发展了学校运动会内容。1902年，在天津、上海两地举办的中国近代最早的运动会，即是由青年会发起的。从项目上看，运动会基本上是以体操、游戏为主的日本式早期运动会。

19世纪末，西方传教士在中国兴办教会女校。随着各类女学的创办，妇女体育有了新的发展，在运动竞赛的开展上有了很大突破。至20世纪30年代，已发展到一定水平。

中华人民共和国成立以后，运动竞赛蓬勃发展。改革开放以后，学校体育进入了一个全新发展阶段。1977年，各学校内成立了较健全的体育管理体系与制度。1979年，颁发了《学校体育工作暂行工作规定》，后来修改成《学校体育工作条例》。20世纪80年代，学校体育竞赛活动开展十分活跃，"三好杯""希望杯""萌芽杯"等球类竞赛，田径通讯赛等形成了制度，并多次举行全国大、中学生运动会。20世纪80年代末90年代初，各省市根据原国家教委和国家体委的相关政策，纷纷制定了《体育竞赛管理办法》，以指导学校体育运动竞赛和社会体育运动竞赛的开展，但始终没有摆脱竞技体育的影子。

进入21世纪，随着国民经济的飞速发展，学校体育运动竞赛的管理凸现出诸多新问题，亟待改革，以顺应时代发展新潮流。

**2. 我国学校体育运动竞赛管理存在的问题**

（1）学校体育运动竞赛与终身体育的指导思想脱节，导致大部分学生厌恶体育竞赛，也不能参加体育竞赛。

①学校体育从小学到大学，没有形成一体化的体系。从整体上看，我国的学校体育从小学到中学、到大学，在目标、内容、方法、评价上存在互不衔接、不协调的现象。具体表现在：内容无意义、无价值重复太多，缺乏对学生体质和健康的一体化监控和评价，忽视学校体育对增进学生健康的功效、方法与评价，没有体现学生个体年龄差异。

②学校体育竞赛重竞技，轻娱乐，导致参加人数大受限制。学校体育竞赛由于竞技性太强，规程过于接近正规比赛模式，比如，田径运动会，比赛项目就是

跑、跳、投三大项，竞赛规程也规定一般是一个人限报 2-3 项，一个班或系部在一个项目上限报 2-3 人，致使一些想比赛的同学可能因为各种因素和限制，无法参加。部分学生从小学到大学甚至一次都没有参加过。

此外，学校田径运动会的服务人员占总学生人数的近一半，缺乏普及性与健身性。

（2）单纯的生物型、应试教育型学校体育运动竞赛违背了个性化、身心协调发展的终身体育思想，违背了阶段目标与长远目标兼重的终身体育思想。

生物体育观忽视主体的参与，强调组织严密和竞赛规程的竞技性；生物体育观容易导致学校体育的片面发展，往往把学生的体育只看成是在学校里"玩耍"，或只追求在学校的短期锻炼身体的效果。

应试教育是单纯以升学为目的的"分数"教育，看重知识灌输，忽视能力与习惯培养；只注重少数学生的选拔的教育，忽视全体学生的发展；只采取简单"一刀切"的教育，忽视学生的因材施教与个性发展；只重视眼前短期教育效果，忽视学生长远整体素质的提高。学校体育竞赛也受到"应试教育"的影响，表现出只抓学校体育代表队的少数几个尖子运动员；片面追求升学率；用应付考试的一种模式来教育学生等现象，完全忽视学生个人兴趣、爱好、特长的培养，压抑学生个性的发展。

然而，随着学校体育价值多元化的提出，人们普遍地从过去的单纯生物体育观转向生物、心理、社会、教育的综合体育观。

### （二）学校体育运动竞赛管理的理论基础

#### 1. 管理学

管理学实际上主要回答三个问题：管什么？如何管？何时管？以此推论，学校体育运动竞赛管理，也就是对学校体育竞赛进行管理、怎么管理、什么时候进行管理的范畴。管理学是学校体育运动竞赛的中枢。现代的体育管理者，对体育竞赛的管理，必须履行一系列的职责和执行各种不同的活动来适应竞赛需要。一些职责用来概括管理者做什么，其中包括计划、组织、人员配置、指导和控制。而一个好的管理流程与管理技巧，可以使学校体育运动竞赛更具效率，更好地实现目标。

### 2. 经济学

从经济学角度来看，经济是学校体育运动竞赛正常运转和进行的前提和保证。有充足的资金作为后盾，学校体育竞赛的开展就可能更加丰富，更具动力。随着我国广大群众体育消费观念的更新和消费水平的提高以及体育竞赛制度的改革，学校体育竞赛表演市场在逐步扩大。另外，体育产业无形资产的开发，如门票广告、场地场外广告、秩序册、海报、贴片、纪念品、抽奖、指定产品等，也推动了学校体育运动竞赛的开展。因而，从经济学的角度来对现今的学校体育竞赛进行管理改革，是相当有意义的。

### 3. 教育学

过去在学校体育理论中偏重如何教学生学习体育的技术、战术以及增强体质，以至形成了生物体育的说法，而忽视了对学生"人格"修炼的局面。教育研究的基本问题是"社会—教育—人"的问题，即教育与社会发展、教育与人的发展的问题。这表明，处于社会与人中间环节的教育，是按照一定社会需要，把"生物人"变成"社会人"的教化过程，是人把自己从个体纳入到群体，再融入社会的整合过程。这实质也是寻求人、教育、社会三者和谐发展的现代教育理念。

学校体育竞赛中人格修炼实质是在竞赛过程中，培养学生人文精神的教育，即做人的教育。在体育竞赛中，面对瞬息之间的输赢，可以锻炼人的心理承受能力和适时调整的应变能力。在竞赛中经常会出现激烈的身体接触，从而造成一些矛盾冲突。在这种情况下，学会妥善化解矛盾，并学会退让、宽容，充分体现体育"友谊第一，比赛第二"的人文精神，使学生们形成一种豁达、开朗、宽容、积极、顽强、勇敢的健康人格。因此，学校体育竞赛的管理变革从教育学的角度来研究是非常有价值和切实可行的。

### 4. 竞赛学

顾名思义，既然是竞赛，肯定就包含有竞赛的成分，只是学校体育竞赛与竞技体育的竞赛有所不同而已。

运动竞赛学是以运动竞赛过程为研究对象的学科。它的研究范围包括三个层面：微观层面为揭示运动竞赛过程的动力学机制即运动竞赛的内在发展规律；中观层面为分析运动竞赛与其他体育活动的关系；宏观层面为探讨运动竞赛和社会的交互影响。科学研究活动从发现问题开始，可将全部竞赛现象归结为三大基本问题：①人类为什么需要运动竞赛？即运动竞赛的价值功效问题；②怎样才能在运动竞赛中获胜？即制胜问题；③如何科学地组织运动竞赛？即运动竞赛管理问题。所以从竞赛学的角度来对学校体育运动竞赛管理变革进行研究，可以找出学校体育竞赛与竞技体育竞赛的异同，制定区别于竞技体育的、相对灵活多变的竞赛规则。

### 5. 生物学

学校体育竞赛的生物学基础是揭示学生在竞赛及受教育中解剖、生理、生化、机能和运动能力变化规律的理论依据。生物学是研究生物的结构、功能、发生和发展规律的科学。运动生物学是研究人通过合理的运动，使其形态结构、身体技能和运动素质发生变化规律的科学。它包括运动解剖学、运动生理学、运动生物化学和运动生物力学等。这些科学的建立和发展都为学生增强体质、提高运动技术、培养运动意识、科学锻炼等起到重要作用。另外，随着运动生物学科的发展，它重视与心理学和社会学以及教育学的有机结合，为促进当代大学生的身心素质的全面提高提供了科学指导。也就是说，学校体育运动竞赛能使学生通过身体的运动，提高机能水平，改善一些人体成分比例，提高机体免疫能力，塑造更好的体形和气质。另外，体育还有人文性质的一面，即通过体育竞赛，可以陶冶学生情操，提高学生审美能力，增加凝聚力，培养团结合作、勇敢顽强的作风，展现多彩多姿的校园文化。

因此，学校体育运动竞赛应该从运动生物学的角度来设置运动项目，安排灵活的竞赛赛制，增强竞赛娱乐性、人文性、大众性、科普性、终身性功能。

### 6. 心理学

运动是阐明体育运动心理学基础，研究人体在运动中心理现象的特点和活动规律的科学，是随着心理科学和社会精神、物质文明的发展而产生和发展的。运动心理学的主要任务是研究人们在参加体育运动时的心理过程，如感觉、知觉、表象、思维、记忆、情感、意志的特点，及其在体育运动中的作用和意义；研究人们参加各种运动项目时，在性格、能力和气质方面的特点及体育运动对个性特征的影响；研究体育运动教学训练过程和运动竞赛中有关人员的心理特点，如运动技能形成的心理特点、赛前心理状态、运动员的心理训练等。

## 三、体育课程校本管理

### （一）目前中小学体育课程校本管理存在的问题

#### 1.管理意识淡薄与管理能力缺乏

由于受全国统一的管理课程政策的影响，学校课程管理的驱动力主要来自上级行政部门的指示，他们被动地等待，直到有了详尽的指令之后才照章行事。习惯于这种课程管理模式的学校，很少考虑课程管理问题，长期以来造成学校和教师课程管理意识非常淡薄，很难自主地、创造性地将课程作为学校自身的东西加以实施，遇到问题也很少从课程管理方面寻求解决办法。

改革开放以来，经济领域对管理在发展中的作用有了越来越深刻的认识，"管理出质量""管理出效益"已成为企业管理者们的共识，管理越来越受到重视。但在教育领域里，特别是在课程领域里，目前还没有达到这样的重视程度。课程管理者们比较重视课程的"硬件"建设，不重视或很少想到从管理方面解决课程的"软件"问题。

另外，在体育校本课程开发的理解认识上也不够。随着课程改革的不断深入，校本课程开发逐渐走进研究者的视野。校本课程的开设，增强了课程对学校和学生的适应性，为促进学生的个性化发展开辟了一条有效途径。然而，校本课程开发作为新事物，开发者没有现成的经验借鉴，只有在实践中慢慢摸索。所以，在校本课程开发的探索过程中也存在着一些理解误区，认为校本课程开发就是学校自编教材；校本课程开发就是上级教育主管部门和校长的事情；校本课程开发就是把课程决策权下放给校长或教师，学生仍为被实施者等。

因此，校本管理要想在我国当代教育管理中有效实施，必须首先解决管理参与者思想观念转变的问题，简单地说就是传统管理体制中的"领导者"和"被领导者"的角色定位和角色转变问题。其次就是不断提升管理者的能力。

#### 2.体育课程组织与实施混乱

（1）体育课程教材选用存在问题

第一，教材的选用政策和方法还未被学校和教师所了解，教材选用的意义也未被广大教师所认识。

第二，教材选用结果的公开透明度不够。

第三，教材选用工作中存在一些干扰，需要进一步规范行政部门的行为。

（2）体育课程课时得不到保障

中共中央国务院发布《关于加强青少年体育增强青少年体质的意见》。《意见》指出，确保学生每天锻炼1小时。要求中小学要认真执行国家课程标准，保质保量上好体育课，其中小学1-2年级每周4课时，小学3-6年级和初中每周3课时，高中每周2课时；没有体育课的当天，学校必须在下午课后组织学生进行1小时集体体育锻炼并将其列入教学计划；全面实行大课间体育活动制度，每天上午统一安排25-30分钟的大课间体育活动，认真组织学生做好广播体操、开展集体体育活动；寄宿制学校要坚持每天出早操。

尽管如此，有些学校和家长还是将体育课视为"豆芽儿课"。据报道，多数初中学校每周只开设2节体育课，体育课被文化课挤占。有些学校甚至将体育课更名为"自习课"，多数学生利用这个时间来完成作业。甚至有部分中学在初三进行完体育中考后，停了体育课，由其他科目占用。

（3）体育课程管理目标与课程目标严重偏离

课程管理目标是最大限度地保证课程目标的实现，因此课程管理目标与课程目标具有一致性。课程系统在运行过程中与课程目标出现偏离，这是正常的，管理就是要校正和控制偏离差，使课程系统不断地接近课程目标。但现在中小学体育课程管理不是把目标对准体育课程目标，而是对准了各种选拔性考试。

另外，在目前的体育教学目标中，重生理、轻心理，重共性教育、轻个性培养，忽视学生心理发展规律等现象普遍存在。学校体育本来是陶冶学生情操，促进学生身心健康发展，丰富生活内容，提高生活质量，为全体学生所喜爱的一门课程，却成为部分学生的负担，造成许多受过高等教育，接受了由小学到大学千余课时的体育教育后，仍未了解体育，不会欣赏体育，也不能积极地参与体育锻炼，甚至未能掌握一种适合个人特点的身体锻炼方法。

# 参考文献

[1] 冯契 . 哲学大辞典 [M]. 上海：上海辞书出版社，1990.

[2] 王复亮 . 创新教育学概论 [M]. 北京：中国经济出版社，2009.

[3] 张武升 . 教育创新论 [M]. 上海：上海教育出版社，2001.

[4] 孙小礼 . 科学方法中的十大关系 [M]. 上海：学林出版社，2004.

[5] 拉普拉斯 . 宇宙体系论 [M]. 上海：上海译文出版社，1978.

[6] 培根 . 新工具 [M]. 北京：商务印书馆，1984.

[7] 马桂秋 . 科技人才学 [M]. 杭州：浙江教育出版社，1987.

[8] 张光鉴 . 相似论 [M]. 南京：江苏科学技术出版社，1992.

[9] 自然辩证法编写组 . 自然辩证法讲义 [M]. 北京：人民教育出版社，1979.

[10] 李政涛 . 从教学方法到教学方法论 [J]. 教育理论与实践，2008.

[11] 汪馥郁 . 教学方法论导论 [M]. 北京：中国经济出版社，1990.

[12] 刘绍曾 . 我国体育教学方法的发展 [M]. 北京体育大学学报，1996.

[13] 王敬东 . 教学法辞典 [M]. 济南：山东教育出版社，1992.

[14] 中国体育科学学会 . 体育科学研究现状与展望 [M]. 北京：中国体育科学学会，2004.

[15] 贝塔朗菲 . 普遍系统论的历史和现状 [C]. 科学学译文集 . 北京：科学出版社，1980.

[16] 查有梁 . 教育建模 [M]. 南宁：广西教育出版社，2000.

[17] 托斯顿·胡森，T. 内维尔·波斯尔思韦特 . 国际教育百科全书 [M]. 贵阳：贵州教育出版社，1991.

[18] 周礼全 . 逻辑 [M]. 北京：人民出版社，1994.

[19] 张世英 . 哲学导论 [M]. 北京：北京大学出版社，2004.

[20] 汪康乐 . 体育科学新学科创建学 [M]. 北京：北京体育大学出版社，2006.

[21] 本书编写组 . 体育科学学科发展现状与未来 [M]. 北京：北京体育大学出

版社，2000.

[22] 北京师范大学教育系编写组．教学认识论 [M]．北京：北京燕山出版社，1988.

[23] 黄志成，程晋宽．教育管理论 [M] 上海：上海教育出版社，2001.

[24] 贡泽尔．穆斯堡尔谱学 [M]．北京：科学出版社，1979.

[25] 陈雁飞，董文梅，毛振明．论体育教学方法的概念和层次 [J]．天津体育学院学报，2006.

[26] 王巍．三十年中国考古学研究硕果累累 [N]．光明日报，2009.

[27] 王策三．教学论稿 [M]．北京：人民教育出版社，2005.

[28] 玛晓丽．体育教学方法分类研究 [J]．体育科学，2004.

[29] 邵伟德，查春华，徐真英．体育教学方法分类体系的反思与再认识 [J]．山东体育学院学报，2004.

[30] 彭健伯．大思路——迈向 21 世纪的思维方法 [M]．成都：电子科技大学出版社，1996.

[31] 李永智．21 世纪我国体育教师素质的探讨 [J]．浙江体育科学，2001.

[32] 肖明．哲学原理 [M]．北京：经济科学出版社，1998.

[33] 刘助柏，梁辰．知识创新学 [M]．北京：机械工业出版社，2002.

[34] 巴班斯基．论教育教学过程最优化 [M]．北京教育科学出版社，1985.

[35] 周颖，徐亮．对快乐体育思想的理性探索与研究 [J]．山东体育学院学报，2005.

[36] 张恩，胡永南，向京．试论体育教学方法的概念、分类及其运用 [J]．西安体育学院学报，2003.

[37] 朱敏．现代教学方法发展的趋势性特征 [J]．外国教育研究，2001.

[38] 弗朗西斯·培根．学问的推进 [M]．第二卷．北京：商务印书馆，1979

[39] 张洪潭．重论体育教学方法 [J]．体育与科学，1996.

[40]W·I·B·贝弗里奇．科学研究的艺术 [M]．北京：科学出版社，1979.

[41] 普莱西，斯金纳，克劳德等．程序教学和教学机器 [M]．北京：人民教育出版社，1964.

[42] 何继韩．运动技能程序学习研究中的几个问题 [J]．体育科学，1985.

[43] 汪康乐．程序教学法在"头手翻"教学中的应用 [J]．哈尔滨体院学报，

1986.

[44] 俞文钊，刘建荣 . 创新与创造力，开发与培养 [M]. 沈阳：东北财经大学出版社，2008.

[45] 汪康乐 . 体育教学方法学 [M]. 北京：北京体育大学出版社，2013.

[46] 龚正伟 . 体育教学新论 [M]. 长沙：湖南大学出版社，2012.

[47] 龚坚 . 现代体育教学论 [M]. 重庆：西南师范大学出版社，2009.

[48] 汪康乐，郜崇禧 .21 世纪中学体育师资培养 [J]. 体育科研，2000.

[49] 樊临虎 .21 世纪体育教师基本素质构成要素的研究 [J]. 体育学刊，2000.

[50] 黄汉升等 . 我国普通高校体育教育专业课程体系改革的研究 [J]. 体育科学，1998.

[51] 田麦久 . 运动训练学 [M]. 北京：人民体育出版社，2007.

[52] 刘合群 . 现代教育技能导论 [M]. 武汉：湖北教育出版社，2000.

[53] 张永声 . 思维方法大全 [M]. 南京：江苏科技出版社，1992.

[54] 邓宗琦 . 面向 21 世纪体育师资培养和体育教育专业改革与发展研究 [M]. 武汉：华中师范大学出版社，2000.

[55] 阎立钦 . 创新教育 [M]. 北京：教育科学出版社，2001.

[56] 燕良轼 . 创新素质教育论 [M]. 广州：广东教育出版社，2002.

[57] 许月云，林芹芳 . 新时期大学生对体育教师的角色期望 [J]. 北京体育大学学报，2005.

[58] 周昌忠 . 创造心理学 [M]. 北京：中国青年出版社，1983.

[59] 宋宏福 . 创造学概论 [M]. 北京：经济科学出版社，2002.

[60] 刁纯志，施福升 . 科技人才修养 [M]. 上海：上海交通大学出版社，1988.

[61] 张晓义，高岩 . 我国中学体育教材教法存在的问题及改进对策 [J]. 体育学刊，2006.

[62] 黄汉生 . 体育教学训练理论与方法 [M]. 北京：高等教育出版社，2003.

[63] 鲁长芬 . 我国体育学科体系研究的必要性及策略 [J]. 上海体育学院学报，2008.